橘 玲
Akira Tachibana

人生は攻略できる

JN066554

ポプラ新書
245

リスパ思考の成功法則——新書版まえがき

本書の親本が出たのは2019年3月で、その後、未知のウイルスが世界中に蔓延するという予想もしていなかったことが起きた。それでも新書版にするにあたってあらためて読み返すと、直さなければならないところはほとんどなかった（データは最新のものに改めた）。パンデミック（疫病）は進歩を止めたのではなく、時代の針をさらに進めたからだ。

コロナ禍の前は毎朝定時に出社するのが当たり前で、リモートワークはお伽噺《とぎばなし》だと思われていた。取引先に「ZOOMで打ち合わせしましょう」というと、「バカにしてるのか!?」と怒られそうだった。でも目に見えないウイルスが、そうした古い常識をすべて書き換えてしまった。ひとびとは、リアルでなくてもできることがたくさんあることを知ったのだ。

でもこれで、現実の価値が下がったわけではない。これからは、ほんとうに大事なこと（恋人・家族・親友との時間など）をリアルに割り当て、そうでないことはヴァーチャルで済ませるようになるだろう。あるいは、リアルとヴァーチャルが融合して、このように区別すること自体、意味がなくなるかもしれない。

しかし、どのようなSF的な未来が訪れても、変わらないものがある。それが、「あるものを選んだら、別のものをあきらめなくてはならない」というトレードオフの法則だ。1日は24時間で、なにかに10時間を費やせば残りは14時間だ。睡眠時間やそれ以外の雑用を加えれば、これで1日は終わってしまう。

この10時間をすべて仕事に使えば、収入は増えるかもしれないが、恋人と過ごす時間がなくなって愛想をつかされるにちがいない。ゲームにはまったり、パーティで踊ったりするのは楽しいだろうが、勉強の時間がなくなって落第してしまう。

どれほどの大富豪でも（イーロン・マスクでも）、この時間資源の制約からは逃れられない。トレードオフを気にせずになんでも好きなことができるのは、無限の時間を持っている神だけだ。将来は、タイムマシンで時間を操作したり、18歳の身体のまま何百歳まで生きられるようになるのかもしれないが、それまではリアルであれヴァーチャルであれ、限られた資源をなにに使うかが決定的に重要なのだ。

限られたお金を有効に使うのが「コスパ（コストパフォーマンス）」で、限られた時間を有効に使うのが「タイパ（タイムパフォーマンス）」だ。でも、もうひとつ大事な指標があって、それが「リスパ（リスクパフォーマンス）」だ。

「成功するためにはリスクを取らなくてはならない」といわれる。これはそのとおりで、みんなと同じことだけしていれば、みんなと同じものしか手に入らない。だがこの法則を逆にして、「リスクを取れば成功できる」というわけにはいかない。リスクとは（統計学的には）、成功する確率と失敗する確率を両方含んだものだからだ。

多くのひとが間違えるのは、「リスクなしで成功できる」と思っていることだ。これが不可能なのは、世の中には君より（もちろんぼくよりも）賢いひとがものすごくたくさんいるからだ。こんなウマい話があったとしたら、とっくのむかしにこの賢いひとが見つけているだろう。

強く願えば夢がかなって大儲《もう》けできると錯覚することを、「サバイバルバイアス」という。生き残った（サバイバルした）ひとだけに注目することで、ネットにあふれる

「成功」物語が典型だ。それらがすべてウソということはないし、なかには素晴らしい成功を収めたひともいるだろう。でもだからといって、成功者の真似をすれば同じことができるとはいえない。リアリズムで考えれば、君が（あるいはぼくも）「選ばれし一人」である可能性はかぎりなく小さい。

リスクを取らなければ成功できないが、リスクを取れば失敗するかもしれない。だとすれば、このゲームを攻略する戦略は（たぶん）ひとつしかない。それが、「失敗してもいいリスクを取って、試行錯誤しながら経験値を上げていく」ことだ。

このときに重要なのがリスパで、「同じリスクならリターン（利益）の大きな方を選ぶ」あるいは「同じリターンならリスクの小さな方を選ぶ」ことをいう。金融市場では、リスクは値動きの大きさで測る。ビットコインのような仮想通貨（暗号資産）はしばしば暴落してきわめてリスクが高いから、相当に高い利益を期待できないとリスパが悪い。同様に、法律すれすれのところで荒稼ぎするような商売もリスパは悪いだろう。

大きなリスクを取って勝負することと、小さなリスクで堅実に前進していくことに優劣はない。これは、どのように人生というゲームを攻略するかの価値観のちがいだ。

でも覚えておいてほしいのは、つねに「再チャレンジ」できるようにリスパを管理することだ。なぜなら、やり直せるかぎり失敗は経験になるから。とりわけ若いうちは、無謀な挑戦をして大失敗しても、それが逆に高く評価されることもある（残念ながら年をとってから同じことをすると、誰からも相手にされなくなる）。

SNSの時代には、誰もが評判という資産を持てるようになった。でもSNSはしばしば炎上して、標的にされると社会的に葬り去られてしまう（実際に死んでしまうこともある）。

これほどリスクが高いのなら、SNSにはいっさい手を出さないというのもひとつの見識だろう。でもその一方で、「検索してヒットしないのは存在しないのと同じ」という現実がある。

芸能人の不倫や不適切動画が炎上するのは、「不道徳」と見なされたからだ。だとすれば、道徳的・倫理的になることで炎上のリスクをかなり下げられるはずだ。

これはなにも、「道徳の教科書に出てくるようなひとになりなさい」ということではない。ここで大事なのが「アカウンタビリティ」で、日本語で「説明責任」と訳される。

アカウンタブルであるとは、なぜそのようなことをしたのか説明できることをいう。回転寿司の仕組みがわからなくて他人の寿司を間違えて取ってしまったというのはアカウンタブルだが、他人の寿司にわざとわさびを載せるのはどう考えても説明のしようがない。「不道徳な行為」というのは、「説明できない（アカウンタブルでない）行為」のことだ。

このように考えれば、「なぜそんなことをするのか」「なぜこんな発言をしたのか」と訊かれたときに、つねに答えられるようにしておくことが大事だとわかるだろう。よいことか悪いことかはわからないが、SNSの時代には誰もが倫理的に振る舞うことを要求されるようになる。これは「ポリコレ（ポリティカル・コレクトネス：政治的正しさ）」と呼ばれるが、これからの社会はますます「リベラル」になって（ポリコレの基準が高くなって）、たとえ悪意がなくても、誰かに危害を加えたり、差別したりすることはいっさい許されなくなるだろう（考えてみれば、これは当たり前のことでもある）。

2023年の4月末から5月半ばにかけて、コロナ後はじめての海外旅行で、香港・マカオと東南アジア（シンガポール、カンボンジア、タイ）を回った。政治的な問題を抱える国や地域もあるものの、どこも思いのほか活気にあふれていた。

国ではなく国民のゆたかさを示す「一人あたり名目GDP」ランキング（2022年）では、日本は3万3800ドルで世界30位。それに対してシンガポール（6位）は8万2800ドルと日本の2・4倍、香港（20位）は4万9200ドルで1・5倍だ。タイはまだ中進国だが、高層ビルが次々と建設されているバンコクの高級コンドミニアムの価格は1億〜5億円と六本木などと変わらない。

戦争やテロ、地球温暖化など、世界は多くの難問を抱えているが、それでもひとびとはみな、すこしでもゆたかになりたい、幸福になりたいと思って精いっぱい努力している。明日は今日よりもよくなるはずだという〝希望〟によって、グローバル経済はこれからも成長していくだろう。

そんな未来には、多くのチャンスが君を待っているにちがいない。その機会を逃さず人生を攻略し、成功と幸福を実現してほしいと思うし、この本を手に取ってくれた君なら、きっとそれが可能だと信じている。

はじめに――人生は「攻略」できる

この本では、人生をロールプレイングゲームだと考えて、「君たちはこれからどう生きるか」を考える。――というと、「人生がゲームだなんて冗談じゃない」と怒られそうだ。これはもちろんそのとおりで、人生に必勝法があれば誰も苦労しないわけだから、そんなのはウソだとすぐにわかる。でも、人生とゲームがまったく似てないわけじゃない。

ゲームには世界観と攻略法がある。

ドラゴンクエスト（近頃はもっと人気のゲームがあるのだろうがよく知らない）をプレイするとき、そこがどんな国で、自分はどんなキャラで、ゲームの目的は何で（お姫様の救出）、どうすればキャラのレベルを上げられるのかを知らなければ、そもそもスタートラインに立つことすらできない。これがゲームの世界観であり、基本的な約束事だ。

同じように、ぼくたちが生きているのがどのような世界で、人生の目標は何で、ゴールにたどり着くにはどうすればいいかがわからないなら、これからの長い年月（なんといっても「人生100年時代」なのだ）をいったいどうしたらいいか戸惑《とまど》うばかりだろう。

ロールプレイングゲームにかぎらず、すべてのゲームには攻略法がある。「この場面ではこうすべきだ」という鉄則と、「これだけはやってはいけない」という禁止の組み合わせで、そのとおりやれば必ずうまくいくわけではないけど、それでもゲームを有利に進めることはできる。逆に、なにひとつ攻略法を知らなければいつまでたってもレベル1のままだろう。

その一方で、「成功の法則」だと信じられているものが、じつはぜんぜん役に立たないこともある。「強く願えば夢はかなう」というのもそのひとつだ。

アメリカで行なわれた心理実験では、ダイエット後のほっそりした姿を強く願った女性は、太った自分のイメージを思い浮かべた女性に比べて体重の減り方が少なかった。成績でAをもらうことを強く願った学生は、勉強時間が減って成績が落ちた。

なぜこんなことになるかというと、ヒトの脳は現実と想像を区別するのが苦手だからだ。夢の実現を強く願うと、君の脳はすでに望みのものを手に入れたと勘違いして、努力する代わりにリラックスしてしまうのだ。――それに対してきちんとした計画は効果があることがわかっている。

人生に必勝法はないけれど、ゲームと同じように、「こうした方がいいこと」と「やってはいけないこと」がある。これから説明するように人生ゲームの鉄則はものすごくシンプルなものばかりだが、それを知っているかどうかで大きな格差が生じる。なぜなら、ちょっとした選択のちがいが、長い人生のなかでよい方にも悪い方にもどんどん膨らんでいくから。これが「フィードバック効果」で、とても大切なことなのであとで詳しく説明する。

最初にいっておかなければならないのは、いま人生ゲームの約束事が大きく変わりつつあることだ。これは日本だけでなく世界的な現象で、「一生懸命勉強していい大学に入り、大きな会社に就職して定年までこつこつ働く」とか、「そういう男性と結婚して専業主婦になる」という、お父さんやお母さんの世代の必勝法はまったく役に立たなくなってしまった。そればかりか、古いやり方にこだわっているとどんどんヒドいことになる。

むかしの攻略法が使えなくなった理由は、テクノロジーがとんでもない勢いで進歩しているからだ。30年前はインターネットは生まれたばかりだったし、20年前はフェイスブックやX（旧ツイッター）、15年前はLINEやビットコインはなかった。AI（人工知能）が将棋や囲碁のトッププロに勝つようになったのはこの10年だ。人間と同じように会話するチャットGPTが世界的な話題になっているが、これからもみんなが驚くような発明（イノベーション）が次々と出てきて、そのたびにゲームのルールは大きく書き換えられていくだろう。いましか使えない知識をどれだけ覚えても、あまり役に立たないのだ。

しかしそれでも、基本的なことはどんな時代になっても変わらないし、そればかりかますます重要になっていく。だからここでは、「1＋1＝2」のようなほんとうに大事なことだけを説明している。

こう書くと、「1と1を足せば2になるなんて当たり前じゃないか」と思うかもしれないが、世の中には「1＋1」が3だとか、場合によっては100になると信じているひとが（ものすごく）たくさんいる。そしてほとんどの場合、こういう不合理なひとは失敗してヒドい目にあうことになる。

人生というゲームのゴールは幸福になることだ。でも、なにが幸福かはひとによってちがう。君の夢はアイドルやサッカー選手になることかもしれないし、億万長者になることかもしれないし、好きなひととあたたかな家庭を持つことかもしれない。なにが幸福かは一人ひとりが決めることだから、そこに優劣はない。

それでも、ほとんどのひとが同意する幸福の定義はあるだろう。それをここでは2つにまとめよう。

①好きなことを夢中でやって、いまが楽しい
②あとから振り返って「幸福だった」と思える

そしてこの2つはつながっている。好きなことに夢中になるのが「やりがい」で、それが積み重なると「生きがい」になり、それをあとから振り返って「幸福な人生」

だと思うのだ。

家を建てるならちゃんとした土台が必要だ。どんなに立派に見えても土台がいい加減だと、大きな地震がくれば傾いたり倒れたりしてしまう。

それと同じく幸福な人生にも土台が必要で、それは次の3つだ。

①お金（金融資本）
②仕事（人的資本）
③愛情・友情（社会資本）

幸福は、この3つの「資本」の上につくられる。もちろん、その組み合わせ方はひとによって異なるだろう。

貧しくても家族や友人に囲まれて幸福なひとはいるし、ひとり暮らしでもバリバリ働いて充実しているひともいる。仕事も愛情・友情もないけど、大金を持ってるからそれでじゅうぶん、というひとだっているかもしれない。でも、お金も、仕事も、愛情や友情も、どんな資本もないなら幸福になりようがないから、これを「不幸」と定義しよう。

この本で書いてあるのは「幸福になる方法」ではなく、「幸福のための土台のつくり方」だ。その土台のうえにどんな素敵な家を建てるかは、君が決めることだ。

少子高齢化によって、これからの日本は高齢者がものすごく増えて、若者がどんどん少なくなっていく。これはふつう、「高齢者の年金や医療費で国の財政が破綻《はたん》しそうになって、そのしわ寄せで若者が割を食う」と説明される。たしかに超高齢社会では、若者が高齢者に押しつぶされるということはあるだろうが、もうひとつ大事なのは、「たくさんあるものは価値が低く、すこししかないものは価値が高い」という市場原理だ。

この「需要と供給の法則」によって、若い君たちの「市場価値」はこれからどんどん高くなっていく。人手不足が深刻化する日本では、大学を卒業すればほぼ全員が就職できるし、優秀な若者を大企業が奪い合うようになった。いまですらそうなのだから、君が社会に出る頃にはさらに価値が上がって、なんでも好きな仕事を選べるようになるだろう。

だとしたら、このチャンスを活かさない手はない。

「幸福の土台」を手に入れるために必要なのは、新しい時代のルールを理解して、大事なところで正しい選択をすることだけだ。これで人生は「攻略」できる。

人生は攻略できる／目次

第1章　世界編　1

――人生はロールプレイングゲーム

図1

君はどう思う？

上の図1を見て、君はどう思うだろうか？

①コップに水が半分も入っている
②コップに水が半分しか入っていない

このように、事実（コップに水が半分入っている）はひとつでも、ひとによってそれをどう感じるかはちがう。
①のように「コップに水が半分も入っている」と思ったら、幸せな気持ちになるだろう。これが「ポジティブ」だ。
それに対して②のように「コップに水が半分しか入っていない」と思えば、がっかりしたり、不安な気持ちになるかも

しれない。これが「ネガティブ」だ。

ポジティブは「肯定的」の意味で、「楽天的」「積極的」「外交的」などとされる。ネガティブは「否定的」の意味で、こちらは「悲観的」「消極的」「内向的」だ。このように比べると、ネガティブよりポジティブな方がいいに決まっていると思うだろうけど、じつはそうともいえない。というか、どんな性格が社会的・経済的に成功しやすいかを調べると、ポジティブなひとよりネガティブなひとの方がうまくいっていたりする。

なぜそうなるのか、その理由はものすごく単純だ。

月曜日に大事なテストがあって、友だちから「土日に泊まりでフェスに行こうよ！」と誘われたとしよう。このとき君には、

①フェスに行ってテストをあきらめる

②テスト勉強のためにフェスをあきらめる

という2つの選択肢がある。

それ以外の条件がすべて同じだとすると、フェスを選べばすごく楽しいにちがいないが、テストには失敗するだろう。逆に勉強を選べば、「フェス、最高だったよ！」と友だちからいわれて後悔するかもしれないけど試験には合格できる。

フェスを選択してテストをあきらめるのは、「いちどくらい赤点とってもなんとかなるでしょ」と楽天的だからだ。これは、「コップに水が半分も入っている」と考えるタイプだ。

テストを選択してフェスをあきらめるのは、「赤点とったら卒業できないかもしれない」と悲観的だからだろう。こちらは、「コップに水が半分しか入っていない」と考えるタイプだ。

ポジティブな生徒は、次のテストのときにまた友だちから誘われたらやはりフェスに行くだろうし、ネガティブな生徒は勉強を選ぶにちがいない。これを繰り返すと、2人が同じくらい頭がいいとしても、徐々に成績に差がついていく。こうして〝ポジティブ教〟の国アメリカでも、「積極的、楽観的、外交的なことはとにかく素晴らしい」という教育をちょっと修正した方がいいんじゃないかといわれるようになった。

でもこれは、なんでもかんでもネガティブに考えればいいということではない。

真面目というのは、別の言い方をすれば、悲観的で不安感が強く、失敗を恐れて常に慎重な行動をすることだ。最近の脳科学では、これを「敏感な脳」を持っているという。それに対して大胆なひとは楽観的で、失敗したり怒られたりしてもあまり気にしない。こちらは「鈍感な脳」の持ち主だ。

ポジティブかネガティブかは（ほとんど）生まれ持った性格で、かんたんには変えられない。どちらがいいということもなく一長一短だけど、極端だとうまくいかなくなるのは同じだ。ものすごく不安感が強いのはうつ病だし、あまりに楽観的だと不真面目とかいい加減と思われて誰からも相手にされなくなる。

じつは日本人は、世界のなかでいちばんネガティブ度が高いといわれている。無意識のうちに、「コップに水が半分しか入っていない」と思ってしまうのだ。だからこの本では、ネガティブな話をできるだけポジティブに反転していこうと思う。

みんながネガティブな社会では、意識的にポジティブになって、「コップに水が半分も入っている」と考えた方がうまくいくことが多い。これが第一の鉄則だ。それに、ネガティブなことしかいわないひとは、君のまわりにいくらでもいるだろうから。

大富豪の子どもは不幸になる？

大金持ちの家に生まれて、なにひとつ不自由のない暮らしができたらどんなに幸福だろう――君だってそう思うにちがいない。でも、これはほんとうだろうか。

そのことを実際に調べてみたアメリカの研究者がいる。両親が貧しかったり、お金持ちだったり、いろんなひとを集めて「あなたはどれくらい幸福ですか」と訊いてみると、生まれたときから貧しくて、ずっと貧しいままのひとの幸福度が最低だった。これは当たり前だろうが、驚いたことに次に幸福度が低いのは、生まれたときからお金持ちで、そのあともずっとお金持ちのひとだったのだ。その一方で、幸福度が高かったのは、裕福でない家に生まれ、自分のちからで成功したひとだった。

意外な結果だと思うだろうけど、考えてみると、これはそんなに不思議なことではない。

人生をロールプレイングゲームだとすると、最初がレベル1で、どんなに頑張ってもレベル1から変わらなければぜんぜん面白くないだろう。でも最初からレベル100で、おまけにモンスターも出てこなくて、どんどん進んでいったらクリアできるゲームはどうだろう。同じくらいつまらないのではないだろうか。

図２

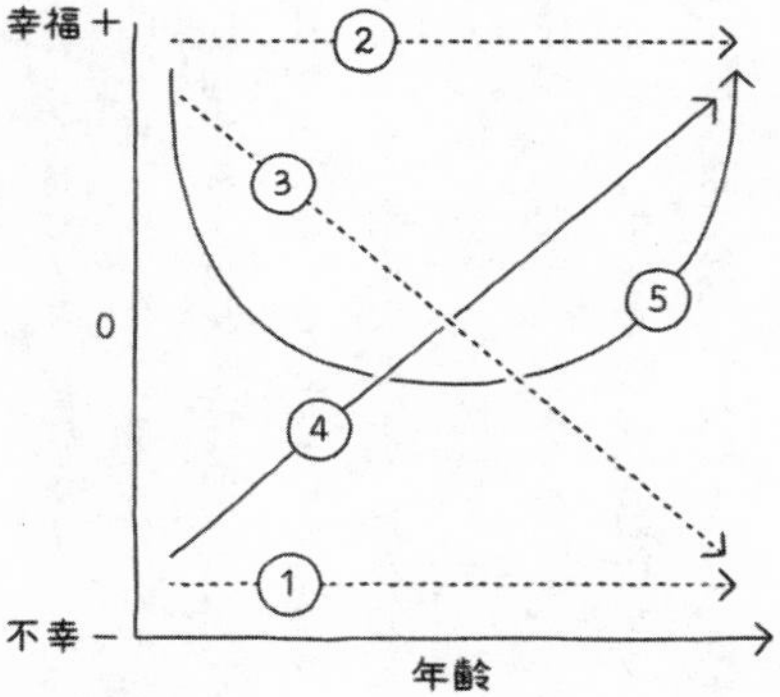

幸福な人生と不幸な人生

じつは、みんなが憧《あこが》れる大富豪の子どもの人生はこれにものすごく近いらしい（体験したことがないのでわからないが）。それに対して、レベル１からだんだん強くなっていくような人生ゲームは面白いし、幸福度も高いのだ。

これを見える化すると、図２になる。点線が不幸な人生、実線が幸福な人生だ。

①は、最初からマイナスでずっとマイナスの人生だ。これはものすごくつらいだろうし、残念なことに、世界にはこういうひとたちがまだたくさんいる。それに対して②は、最初からプラスで、そのあともずっとプラスの人生だ。

①と②の境遇はぜんぜんちがうけど、

よく見ると共通点があることがわかる。どちらも「変化がない」のだ。それに対して③は、変化はあるものの、プラスからマイナスにどんどん落ちていく。これが不幸なのは誰でもわかるだろう。

一方、幸福な人生はというと、④は最初のマイナスからどんどんプラスに駆け上がっていくロールプレイングゲーム型で、⑤はプラスからいったんマイナスに落ちたあとに挽回《ばんかい》する「再起・復活型」だ。この2つに共通するのは、「マイナスからプラスに変化すること」と、「最後がプラスで終わっていること」だ。

ここから、幸福な人生の重要な条件がわかる。

ひとつは、いろんな障害を乗り越えながら、よい方に「変化」していくこと。それに比べて、なんの変化もない人生や、マイナス方向に変化する人生は幸福度が低い。

もうひとつ重要なのは、最後がプラスになること。これをピークエンド効果といって、日本語では「終わりよければすべてよし」のことだ。

人生は「物語」

なぜ最後が大事かというと、ぼくたちの脳は、むかしのことよりいまのことにずっと強く影響されるからだ。10年前にとても幸福で、いまがとても不幸だとすると、それを足して2で割って「まあまあかな」なんてぜったい思わない。朝はおなかいっぱいで、夜はものすごくおなかがすいているとして、それを足して2で割らないのと同じことだ。「いまどうなっているか」は、「むかしどうだったか」より何百倍、何千倍も重要なのだ。

波乱万丈の末にハッピーエンドというのは、物語の定番だ。それが「幸福の法則」と似ているのは偶然ではない。なぜなら人生は「物語」だから。

ロールプレイングゲームでもライトノベル（ラノベ）でも、面白さのポイントはわくわく、どきどきするストーリー展開だ。「彼女に好きだと告白したら、彼女もぼくのことを好きだといった。それから2人は仲よく暮らしました」ではそもそもラブストーリーにならない。

友だち同士の会話でも、9回裏2アウトからの逆転サヨナラ満塁ホームランとか、後半ロスタイムでの劇的決勝ゴールとか、そういうドラマティックな出来事が繰り返し語られるだろう（申し訳ないけど、女の子の盛り上がる話題はよく知らない）。「朝起きて、顔を洗って学校に来た」みたいなことをえんえんと話すことはない。みんなが求めているのは、「物語＝ドラマ」なのだ。

幸福な人生の条件もこれと同じで、みんなが思わず耳を傾け、感心したり、驚いたり、ときには涙を流すような魅力的な物語を持っていることだ。とはいえこれは、大スターになったり、億万長者になって月旅行するようなことではない。大事なのは、それがどんなささいなものでもいいから、「逆境」「成長」「危機一髪」「大逆転」「ハッピーエンド」などの物語の基本要素を満たしていることだ。

――といってもよくわからないだろうから、何年か前の、ロンドンのインドレストランでの体験を話そう。

そこは高級住宅街にある立派なお店で昼も夜も大盛況だったけれど、平日の午後3時を過ぎると残っている客はほとんどいなかった。食事が終わった頃、ぼくのテーブルに高級なスーツを着た60代くらいのインド人が挨拶《あいさつ》に来て、この店の経営者だと自己紹介された。名前は忘れてしまったのでラジーブさんとしよう。

どの料理もとても美味しかったと伝えると、タージ・マハルのある北インドのアーグラ近くの故郷の味だという。ぼくがインド旅行の話をすると、ラジーブさんは身を乗り出すようにして、同じインドでも地方によってカレーの味もつくり方もちがうことを教えてくれた。

ほかに話し相手もいなかったからか、ラジーブさんはそのあと、自分の人生について語り出した。

インドはいまもカーストという身分制度があり、そのなかでも「不可触民（ダリット）」と呼ばれるひとたちはインド社会の最底辺で、触れただけで浄性が落ちるとされ、ゴミ拾いのような誰もが嫌がる仕事しかさせてもらえない。

ラジーブさんも貧しい不可触民の家に生まれ、高校まではなんとか卒業したものの、このままではなんの希望もないと考えて、親戚の伝手《つて》をたどってロンドンにやってきた。最初はインド料理店の掃除や皿洗いをして、必死にお金を貯めて夫婦で小さな店を開いた。それを30年かけて、ロンドンでも人気のレストランに育てあげたのだ。

いまは店の経営は息子に任せて、ラジーブさんがちからを入れているのは、インド社会から差別をなくすための運動だ。ついこのあいだもインドで不可触民の大きな集会があって、ラジーブさんは州首相など大物政治家と壇上に並んで演説してきたのだという。

その話を聞きながら、「生きがい」とはこういうことなんだろうなと思った。差別される身分に生まれ、極貧のなかで数々の理不尽な体験をし、異国の地で懸命に働き、大きな成功を手にしたラジーブさんはいま、余生をインド社会の不幸な仲間たちのために捧げようとしている。若いときのつらい日々を乗り越えてきた自信があるから、見知らぬ外国人旅行者にも、自分の人生の「物語」を堂々と語ることができるのだ。

誤解のないように強調しておくと、いまつらい思いをしているひとに向かって、「それはたんなる幸福へのステップだ」といいたいわけではない。でもいつか成功を手にしたとき、その体験は君の人生の「物語」をさらに魅力的なものにしてくれるだろう。

それに対して、「物語」がないのはどんな人生だろう。

ぼくが思い浮かべるのは、東京都内に大きなビルを持っているお金持ちの息子だ。もう40歳を過ぎていると思うけど、働いていないらしくずっと家にいる。とはいえ、お金にはぜんぜん困っていないから、好きなことだけやっていればいい恵まれた境遇だ。

でも、たまに見かける彼の姿は幸福とはほど遠い。無精ひげをはやし、肩をすくめて背中を曲げ、ひとびとの視線を避けるようにして歩いている。いちどコンビニのレジで隣り合わせたことがあるけど、コンサートのチケットが希望とちがうことを店員にうまく説明できなくておどおどしていた。社会との接点がまったくなくて、長いあいだ会話というのをしたことがないようだった。

「どんな人生を送ってきたんですか？」と訊かれても、彼にはこたえようがないだろう。あり余るほどの（親の）お金があっても、不幸なひとはいるのだ。

ピークエンド効果（終わりよければすべてよし）を考えれば、いまつらいことより、これから幸福になることの方がずっと重要なのだ。

――というと、「いますごく幸せなんだけど、それだと幸福な人生は手に入らないんですか？」と、ぜいたくな心配をするひともいるかもしれない。

でも大丈夫。いまの幸せがこれから何十年もつづくなんてことはぜったいないから。いずれはどこかで必ず穴に落ちて、そこから幸福を目指して頑張ればいいのだ。

運が悪くても不幸にはならない

ここでもうちょっと説明しておくと、人生は一直線によくなったり、悪くなったりするわけではない。今日は昨日と同じで、明日は今日と同じで、そんな日々がずっとつづくんだと思っていると、いきなりものすごくいいことや、ものすごくヒドいことが起きて、これまでの日常が一変してしまう。

なぜこんなことになるかというと、人生を決める要素がとてつもなく複雑だからだ。複雑系の科学では、これを「臨界《りんかい》」と「相転移《そうてんい》」で説明する。

ヤカンに水を入れて火にかけると、最初はなんの変化もないように思えるけど、すこしずつ湯気がたってきて、ある瞬間、いきなりぐつぐつと煮立つ。これは水温が100度に達して、水が水蒸気へと変わるからだ。このとき、100℃手前の水の状態を「臨界」、水から水蒸気へとまったくちがう形態になることを「相転移」という。複雑系の世界では、ものごとは単調に進んでいくのではなく、ときに臨界点を超えて相転移することでドラマティックに変化していくのだ。

これと同じように人生も複雑系で、明日はたぶん今日と同じだけど、もしかしたらぜんぜんちがうかもしれない。とりわけ若いときは、別れがあり、新しい出会いがあって、頻繁に相転移が繰り返される。これは、目の前に選択肢がたくさんあって、どれを選ぶかで将来が大きく影響されるということでもある。それに対して年をとると、あまりドラマティックなことは起こらなくなる。これは選択肢が少なくなるからだ（図3）。

図３

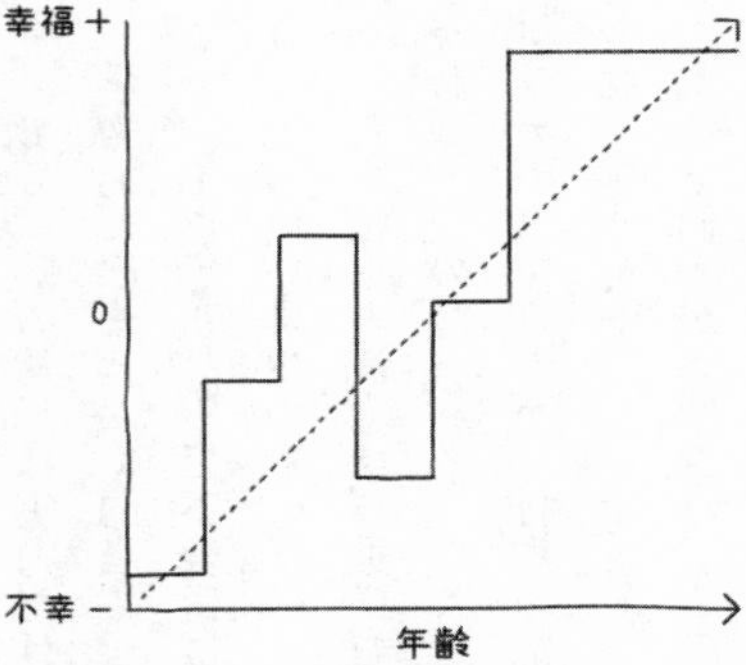

人生はときどきとんでもないことが起きるが、年をとるとあまり変わらない

このようにいうと、「受験や就活で失敗したら大変なことになる」と思うかもしれないけど、じつはこれもまちがっている。大変なことになるのは、年をとってからの大きな失敗だ。

投資詐欺にだまされて一文無しになってしまった老人の話がときどきニュースになるけれど、そこから挽回してもとの状態に戻すのはほぼ不可能だ。これは人生の選択肢がほかに残っていないからで、だからこそいまあるお金を増やそうとして詐欺師の甘い言葉を信じてしまう。

それに対して若いときは、いちど失敗してもまだたくさんの時間があるのだから、挽回はじゅうぶん可能だ。

こういっても、「そんなのただのきれいごとだ」と思うかもしれない。でもこれは、アメリカの研究でちゃんと証明されている。

アメリカは日本よりも学歴社会で、有名校に入れるかどうかで将来が決まるとされている。でも試験の結果は実力だけではなく、1点差で合格するのと不合格になるのとは、学力的にはまったく同じで、たんに運がいいか悪いかのちがいだ。

そこで、1点足りなくて不合格になった運の悪い学生を大量に集めて、1点差で合格できた運のいい学生のその後の人生と比較してみた。すると、高校受験でうまくいかなかった生徒も一流大学に進学し、大学受験に失敗しても一流企業に就職していることがわかったのだ。

アメリカやヨーロッパ、日本のような先進国は、いろいろ問題はあるとしても、それなりに平等な社会になってきた。そういう社会では、（最終的には）肩書や学歴ではなく実績で個人が評価され、その結果、ちょっとした不運はいずれなんの影響もなくなるのだ。

そう考えれば、若いときは失敗を恐れることなくいろんなことを体験した方がいい。もちろんうまくいくことばかりではないし、つらいことや苦しいこともあるだろう。

図４

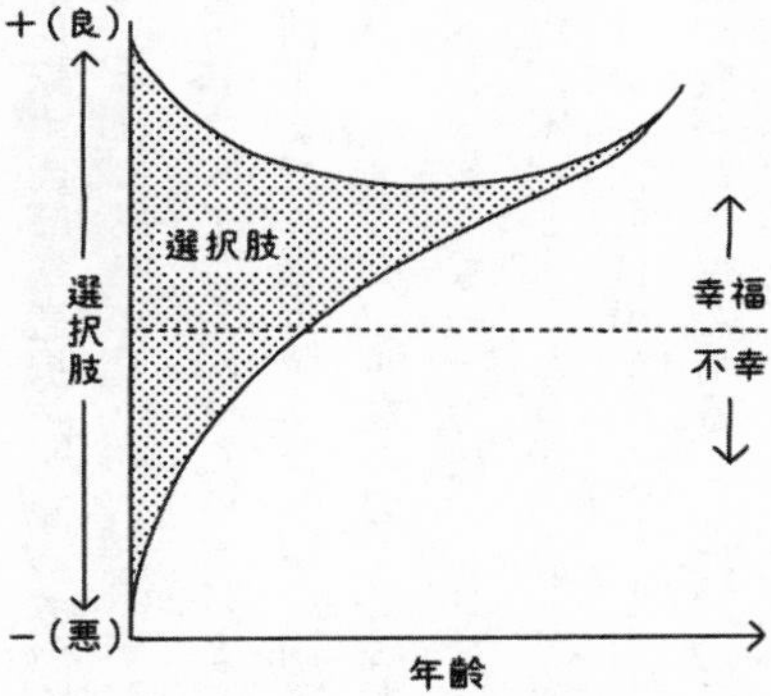

年齢とともに選択肢は減っていき、やがてひとつになる

でもいいことも悪いことも、たくさんの体験を持っているひとは、まちがいなく幸福度が高くなる。それがいずれ、魅力的な「人生の物語」をつくる大事な材料になるのだから。

可能性は無限大だが、年をとると減っていく

ひとは無限の可能性を持って生まれてくるけど、その選択肢は年齢とともに減っていく。これを見える化すると図４のようになる。

選択肢が減っていくというのは、「夢をあきらめる」ことでもある。

プロサッカー選手を目指していたけど、

ユースに入ったら自分より上手い子がいっぱいいた。アイドルになりたかったけど、オーディションを受けたらまわりはかわいくて才能のある子ばかりだった……。

こういうことは誰にでもあるだろう。でも、これはネガティブな見方だ。ポジティブに反転すれば、選択肢が減っていくのは、「自分の好きなこと、得意なことを見つけて、それに集中していく」ということになる。

ひとによってもちがうだろうけど、仕事についていうならば、多くの場合20代から30代前半までに選択肢はひとつに固まる。これを「キャリア」というが、君だけが持っている「スペシャルなもの」のことだ。

「スペシャルなもの」とは、「好きなこと、得意なこと」でもある。スペシャリストは「専門家」と訳されるが、「好きを仕事にする」ひとのことだ。

これから社会に出ていく君にとって、20歳からの10～20年間はとても重要だ。

選択肢がたくさんあるときは、「好き」を見つけるために会社を移ったり、自分で会社をつくったり、フリーランスになったり、あるいは外国にチャンスを探しに行ったり、いろんなことにチャレンジできる。でもこの期間に「スペシャルなもの」を身につけないと、そのあとはだんだん選択肢がなくなっていくのだから、図5のように

図5

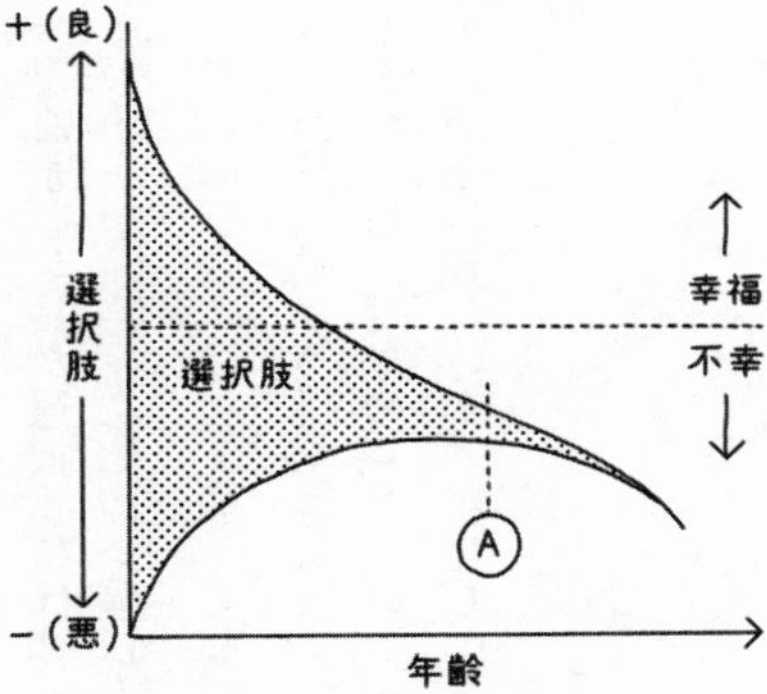

いったんAの場所になると軌道修正は難しい

なってしまう。

「可能性は無限大で、何歳になっても新しいことにチャレンジできる！」というひとがいるけど、ぼくはそれをほんとうかなと思う。現実には、ネガティブな選択肢しか残っていないⒶの場所になってしまうと、そこから軌道修正するのはものすごく難しい。なぜならどの場所にも、それだけを何十年も必死にやってきたライバルがいるのだから。

小学生の頃に将棋が得意だったことを思い出して、ぼくがいまからプロ棋士になる夢を抱き、藤井聡太七冠と対局すると決めたとしても（これは現実には無理なのだが）、このチャレンジはぜんぜん報われないだろう。年をとってもできることはあるけれど、それは「誰でもできること」だ。どんなにポジティブ思考をしても、ヒトは空を飛べないし不可能を可能にすることはできない。

いったんまちがった選択肢にはまってしまうと、あとから気づいてもあまりできることはない。こうして、人生は歪《ゆが》んだままどんどん進んでいく。

いま日本の社会には、50歳くらいになって、これからどうすればいいかわからなくなってしまった大人がものすごくたくさんいる。それは、会社にいわれたことだけをやってきて、自分だけの「スペシャルなもの」を見つけられなかったからだ。

ルールが変わったいま、君たちはこんな失敗をしてはいけない。

第2章

世界編2

――「自分らしさ」は友だちのなかでつくられる

「これからは好きを仕事にするしかないんだ」と話すと、「好きなことはどうやって見つければいいんですか?」とかならず訊かれる。そのポイントは2つだ。

①キャラに合った自分らしい生き方をする
②トライ&エラーを繰り返す

すべてのひとが、それぞれの「キャラ」を持っている。「自分らしい」ということは、「自分のキャラに合っている」ということだ。

このことを説明するために、ちょっと回り道になるけど、「友だちとはなにか?」から始めよう。なぜなら、キャラとは「友だちグループのなかで自分をいちばん目立たせる役割」のことだから。

徹底的に社会的な動物であるヒトは、授乳期が終わる頃から「友だち集団」のなかで生きていくようにつくられている。

いまのような少子化はつい最近の出来事で、原始時代から20世紀はじめまで、女性は授乳が終わるとすぐに次の子どもを妊娠した。新しい赤ちゃんが生まれると、母親はその世話で手いっぱいになるから、上の子どもの面倒をみることはできない。でも、よちよち歩きの子どもが自分ひとりで生きていけるはずはない。

だとしたらいったい誰が、母親に代わって幼い子どもの世話をしたのだろう？　それは、兄姉や年上のいとこたちしかいない。

きょうだいのいる家庭はどこも知っているだろうけど、子どもはみんな弟や妹をかわいがる。女の子が人形遊びが好きなのは、「女の子らしくしなさい」と教育されるからではなく、弟や妹の面倒をみるように進化の過程でプログラムされたからだと考えられている。

もうちょっと成長すると、子どもたちは年上の保護者（兄姉）から独立して、自分たちで助け合って生きていくようになる。これが友だちで、「子どもたちの運命共同体」だ。

君はきっと、「友だちより大切なものはない」と思っているだろう。あるいは、友だちとの関係で悩んでいるかもしれない。運命共同体というのは、そこから追い出されると死んでしまうような集団のことだから、どんなことをしてでもそのなかに居場所を見つけなくてはならない。これを「友情空間」と呼ぶならば、これが子どもの世界のすべてだ。——この友情空間から特定の相手を排除するのが「いじめ」だ。

でも友情空間は年をとるにつれてすこしずつ小さくなっていき、その代わり仕事などで知り合ったひとたちとの社会的な関係が大事になってくる。就職し、結婚して子どもができる頃になると、かつての親友とも疎遠になり、学生時代を思い出すこともなくなってくるだろう（そんなわけない！　と思うかもしれないが、これはかならずそうなる）。友情空間が失われたとき、ひとはそれを「青春の終わり」と感じる。

しかしそれでも、友情空間はすべてのひとの人生に決定的な影響を与える。運命共同体が「世界」のすべてなら、子どもは誰でもそこで自分がうまくやれるように（生き延びられるように）しようとするはずだからだ。この（無意識の）努力によって、キャラすなわち人格や性格がつくられていく。

ぼくも君も、「友情空間＝友だち関係」のなかで生まれたのだ。

友情は学校でしか生まれない

子どもは親の世話ではなく、友だち集団のなかで生きていく。そしてここには、いくつかの基本的なルールがある。

ひとつは、友だちは平等でなければならないということ。

クラスには、お金持ちの子も貧しい家の子も、背の高い子、太った子も、勉強のできる子、スポーツが得意な子も、いろんな子どもがいるだろう。最近は外国生まれの同級生も増えてきた。

学校はこうしたバラバラな子どもたちをひとつの場所に集め、「生徒」として平等に扱うものすごく特殊な場所だ。あまりに特殊すぎて、最近では学校に適応できない不登校の子どもが大きな問題になっている。ぼくはこれを、学校に行けない子どもの責任ではなく、「近代的な学校」という、人類の歴史のなかできわめて特異な制度が耐用年数を過ぎて新しい時代に合わなくなったからだと思っているが、この話はちょっと脇に置いておこう。

君は友だちがいるのを当たり前だと思っているだろうけど、日本では、友情は学校で平等体験を共有した仲間とのあいだでしか生まれない、ものすごく希少な人間関係だ。クラスがちがっても友だちになることはあるだろうけど、学年が1年ちがうだけで「先輩」「後輩」という別のカテゴリー（身分）に入れられて友情が生まれることはない。

友だちのルールでもうひとつ重要なのは、異なる友だち集団は交わらないことだ。高校になっても中学時代の友だちとつるむことはあるだろうけど、中学と高校の友だちがいっしょになって遊ぶことはない。これは、「友だちは排他的な集団である」ということだ。異なる友だち集団は競争・敵対する相手で、かんたんに仲よくなってはならないのだ。

日本では、たまたま入った学校で、たまたまクラスでいっしょになった子どもとしか友だちになれない。大学や就職で地方から都会に出て行ったり(あるいは都会から地方に行ったり)、留学や仕事で外国に住むようになったりすると、そのたびに友だちの数は減っていく。そうやってだんだん友だちが少なくなって、最後まで残った1人か2人が親友と呼ばれる。

それでもなかには、大人になってもずっと友だちに囲まれているひとたちがいる。地元(卒業した中学や高校のある地域)にずっと暮らしているからで、最近では「ジモティ」と呼ばれる。ジモティは、学校時代の友だち関係をいくつになってもつづけている。ぼくは伊豆の田舎のすし屋で、ゴルフの約束に来なかった仲間のことを話しているおじさんたちを見たことがあるけど、「あいつは小学校3年生のときのプールの約束もすっぽかした」といわれていた。

ＡＫＢ48はなぜ48なのか？

友だち集団には、人数にも厳密なルールがある。

ＡＫＢ48が48人を基準にしていて、１クラスの人数の上限が40人なのには理由がある。脳の機能には制約があって、50人を超えると、一人ひとりの個性を見分けることができなくなってしまうのだ。メンバーが増えてくると、乃木坂46とか欅坂46とか、50人以下のグループに分割していかなくてはならない。

もっと大きな集団については、１５０人から２００人が上限で、それを超えると、「仲間」として認識できなくなる。これは原始時代に、ヒトが狩猟採集をしながら、これくらいの人数の集団で移動していたからのようだ。その痕跡がいまも残っていて、会社は従業員が１５０人を超えると事業部に分けるし、（少子化で想像できないが）学校も１学年２００人（40人学級で5クラス）を超えると分校を考えるようになる。

解散したＳＭＡＰや活動を休止した嵐が5人で、クラスの班編成の基本が5人なのにも理由がある。同い年の子どもたちをひとつのクラスに集めると、ごく自然に小さなグループに分かれていく。その人数は5人前後がふつうで、10人を超えることはない。

　これが友だちのコア集団で、それがつくられていくときの法則は、自分と似ている相手に引き寄せられることだ。

　さまざまな人種がいる社会では、これはすぐにわかる。アメリカの保育園では、まず年齢によって大きな集団ができ、次に男女に分かれ、最後に白人、黒人、アジア系というように人種別のグループがつくられる。だから保育園では、それを組み替えて同じ人種でかたまらないようにしている。

なぜ自分と似ている相手に引き寄せられるかは、やはり原始時代にまでさかのぼることで説明できる。

　何百万年も前から、母親の手を離れた幼い子どもが生きていくためには、年上の子どもに面倒をみてもらうしかなかった。でもこれは、どんな子どもでも平等にかわいがってもらえるということではない。ヒトの集団は家族が基本なのだから、年上の子は真っ先に弟や妹の世話をし、そのあとが幼いいとこ（両親のきょうだいの子どもたち）で、それ以外の子どもたちはあとまわしになるだろう。

きょうだいは両親から、(平均すれば) 自分と同じ遺伝子を半分受け継いでいるから、そのぶんだけ顔かたちが似ている (いとこなら8分の1の遺伝子を共有している)。

年上の子どもは「自分と似ている」子どもを優先的に世話しようとするし、よちよち歩きの子どもは、「自分と似ている」年上の子どもに近づいていく。その方が世話をしてもらえる確率が高くなるからだ。もちろん1歳や2歳の子どもがそんなことを考えているわけはなく、これも進化のなかでつくられたヒトの本性で、自分と似ている相手と出会うと無意識のうちに友だちになりたいと思うのだ。――君のまわりの友だち集団を見れば、このことはすぐにわかるだろう。

「自分と似ている相手に引き寄せられる」ということは、「君の友だちは君に似ている」ということだ。これを逆転させたのが「引き寄せの法則」で、憧れのひとと友だちになるには、そのひとに似ればいいのだとアドバイスする。ヒトがカメレオンのように自在に変身できるなら、これはまちがってはいない。憧れのひとは、君が自分とそっくりなら、君に引き寄せられるだろう。

でもぼくは、「引き寄せの法則」には懐疑的だ。なぜなら、キャラはそうかんたんに変えられないから。

世界はジモティでできている

友だち集団のメンバーはお互いによく似ているけど、それでも同じではない。なぜなら、「キャラ」を立てなくてはならないから。

どのような集団にも必ずリーダーがいるが、リーダーが2人いることはない。1人の子がリーダーになると、別のメンバーはそれ以外のキャラを探さなくてはならない。代表的なキャラとしては、「道化役」「参謀」「傍観者」「新入り」「熱血」「お坊ちゃま(お嬢様)」などがある。

でもキャラの数は限られていて、グループの人数が増えるとどうしてもキャラがかぶってしまう。リーダーキャラが2人いてどちらも譲らないなら、グループが分裂するしかない。逆にいえば、キャラがかぶらずにひとつのグループとしてまとまれるちょうどいい人数が5~7人なのだ。

友だち集団のなかでキャラが決まると、それはどうやら、大人になっても(たぶん死ぬまで)変わらないらしい。韓国で大ヒットして、日本でも篠原涼子、広瀬すず主演でリメイクされた映画『サニー（日本版タイトルは『ＳＵＮＮＹ』）』は、リーダー格だった女の子が余命２カ月の末期がんを宣告されたことをきっかけに、高校時代の友だちグループが25年ぶりに再会する物語だ。

メンバーは７人で、高校時代と現代が交互に出てくるのだけど、韓国の女優のことをぜんぜん知らなくても、どの子が大人になって誰になったのかをまちがえることはない。それは制作者が登場人物のキャラを一貫させているからだし、観客がそれを当然の約束事だと思っているからでもある。逆に、高校時代にリーダーだった子が大人になって同じグループの下っ端だったりすると、ものすごい違和感があるだろう。

自分と似ているけれど、それぞれが異なるキャラを持つメンバーは、いっしょにいるとすごく楽しい。これが「イツメン（いつものメンバー）」と呼ばれるコアの友だち集団だ。ジモティはこのイツメンを中心に、同級生を含め10～20人の「友だち」と、それに先輩や後輩を加えた50人くらいの知り合いの輪のなかで生活している。この小さな集団が、ジモティにとっての世界のすべてだ。

ここまでの説明でわかるように、ジモティは進化の法則（ヒトの本性）にぴったり合った生き方をしている。だから日本だけでなく、世界じゅうにものすごい数のジモティがいる。

ジモティは、生まれ育った街から出たがらない。故郷を離れてしまえば、友情が失われることを知っているからだ。そして、「友だち」のいない大都会でどうやって生きていけばいいのか想像できない。

ぼくはアメリカの南部のレストランでたまたま地元の客と同じテーブルになって、ニューヨークやロサンゼルスに旅行した話をしたら、「なんであんな恐ろしいところに行けるんだ？」と真顔でアメリカ人から訊かれたことがある。

このように、国や民族、宗教や文化を問わず、世界の大半はジモティによってつくられている。それだけ「故郷」と「友だち」は強力なのだ。

でも近代になって社会のルールが大きく変わると、ジモティとはちがう生き方をするひとたちが出てきた。彼ら／彼女たちは、故郷を出てもっと面白いことを探そうとする。

故郷を捨てるということは、友だちのいない世界で生きていくということだ。こんなことは、原始時代はもちろん江戸時代だって想像することさえできなかった。――多くの貧しい国ではいまでもそうだ。でもゆたかな社会では、こういう「人類史

図6

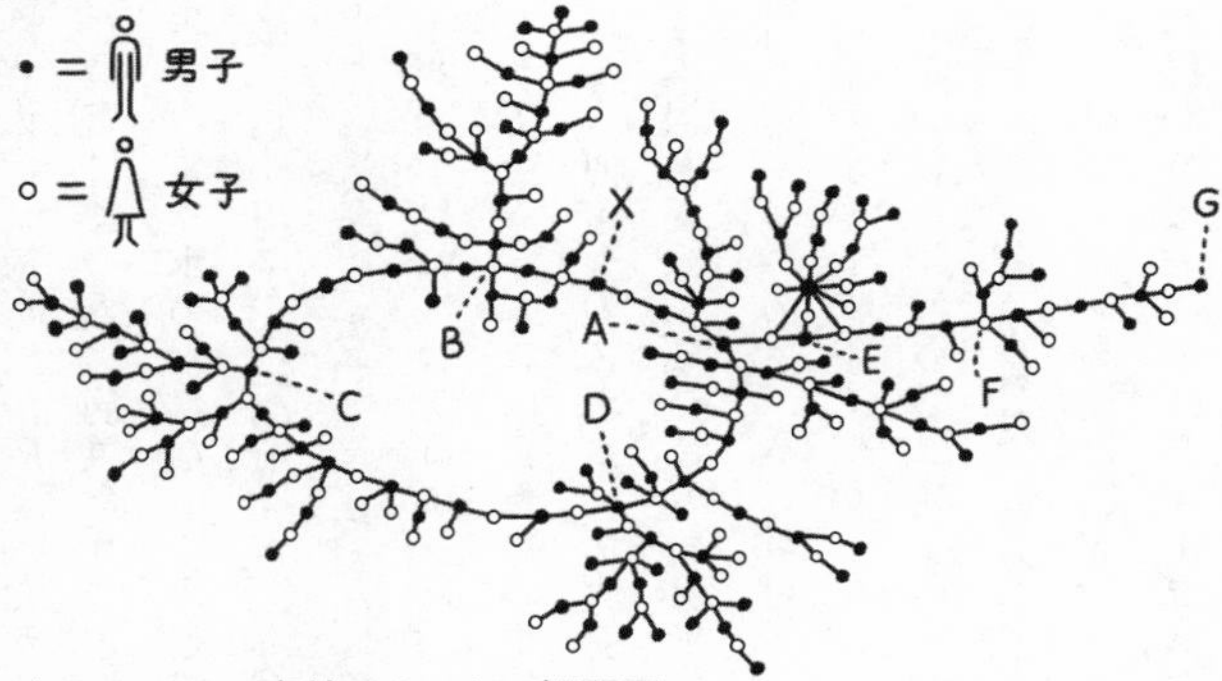

ジェファーソン高校のセックス相関図

＊ニコラス・A・クリスタキス／ジェイムズ・H・ファウラー『つながり　社会的ネットワークの驚くべき力』（講談社）より作成

的にはありえない生き方」が可能になった。これを本書では「ソロ充」「ソロリッチ」と呼んでいるが、これについてはあとで述べよう。

ジェファーソン高校の「セックス相関図」

それではここで「友だち」を見える化してみよう、図6は白人生徒が大半を占めるアメリカ中西部の中規模高校（仮名で「ジェファーソン高校」）のセックス相関図だ。とはいえ、これは裏情報の類ではなく、一流の学術誌に掲載されたちゃんとした社会学の研究だ。

社会学者が若者たちの交遊関係を知ることができたのは、ジェファーソン高校で性感染症（梅毒）が広まったからだ。さらなる感染を防ぐために、生徒たちは聞き取り調査によって、病気をうつした（うつされた）可能性のあるセックスフレンドを申告するよう求められた。こうして、詳細なセックス相関図ができあがったのだ。色の濃い点が男子、色の薄い点が女子で、複数の異性とつき合っている場合は2方向（もしくは3～4方向）に枝が伸びている。

相関図を見ればわかるように、生徒たちのつながりはハブ&スポークに似たかたちになっている。これは自転車の車輪のようなネットワーク構造のことで、中心にあるハブから何本ものスポークが放射状に伸びている。ジェファーソン高校のネットワークも本線と支線（枝）に分かれていて、それぞれの枝の部分が友だちグループになる。

――このようなハブ&スポークができるのは、友だち関係（ひとの集団すべて）が複雑系のネットワークだからだ。

ここから、きわめて単純な「友だちの法則」を見つけ出すことができる。

ひとつは、「異なる友だちグループ同士は交わらない」こと。

ジェファーソン高校にはA、B、C、Dという大きな4つの友だちグループがあり、そのなかで最大なのはグループAだ。こうしたグループに属する男子や女子が別の友だちグループの異性とつき合うことはない。

もうひとつは、「友だちグループのなかで、他の友だちグループと交渉を持つのは1人だけ」ということ。この特権的なメンバーは通常はグループのリーダーで、A、C、D（男子）やB（女子）がグループ外の異性とも性関係を持つことでグループ間で性病が広がっていく。

リーダー同士がつながる大きなサークルは情報が流れる本線でもある。情報（学校における噂）を真っ先に入手するのはこの本線上にいる生徒で、他のグループのメンバーはリーダーを通じて間接的に知ることができるだけだ。他のグループともつき合うことのできるリーダーは、情報を独占できる特権的なハブでもある。

大きなグループのなかに同じようなハブ&スポークのサブグループがあることもわかる。これが派閥で、グループAのなかで最大の派閥がE、次に大きいのがFだ。派閥Eと派閥Fのメンバーも、同様に交じり合うことはない。

グループ内では、枝の末端にいくほど情報を入手しづらくなる。派閥Eはリーダーの Aに近いから素早く情報を入手できるが、派閥FはAから離れている分だけ情報が遅れる。これが、リーダーに近くなるほど派閥が大きくなる理由だろう。Gはグループの末端にいて、1人としかつながっていない。

同じようなネットワーク構造は、町の健康度調査や喫煙者と非喫煙者の調査でも見つかっている。それによれば、健康なひとは健康な町民と、不健康なひとは不健康な町民とつき合う傾向があり、ネットワークの本線に近いほど幸福度は高くなる。同様に喫煙者は喫煙者と、非喫煙者は非喫煙者とつき合い、ヘビースモーカーほど枝の末端にいて友だちが少ないこともわかっている。

「重たい」生き方と「軽い」生き方

ジェファーソン高校の友だちネットワークは、リーダーとなる何人かの生徒を中心とするハブ&スポークの構造になっている。このリーダーが、学校でもっとも人気があるスター（目立つ生徒）だ。

大きな友だちグループのなかには、いくつかのサブグループ（派閥）が生まれる。派閥のハブになる生徒がグループのサブリーダーで、リーダーに近いほど勢力が強い。こうしたサブグループには「自分に似た仲間」たちが集まり、それぞれが固有の文化（雰囲気）を持っている。サブグループのハブからの伸びる枝は4～5人の男女でできていて、これがいつもいっしょにいるメンバー（イツメン）だ。

友だち集団のなかではリーダーになる生徒がもっとも強い影響力を持つが、サブグループ同士は対等とはいえない。大集団のリーダー（本線）に近いグループの方があらゆる面で有利だからだ。こうしてサブグループのなかで自然に序列が生まれる。

本線に近いのが「イケてる」グループで、本線から遠いのが「イケてない」グループだ。こうした集団間の序列は日本では「学級（スクール）カースト」と呼ばれる。

枝の末端にいるGはカーストの「最下層」で、情報からもっとも遠いため学校でなにが起きているかまったくわからず、リーダー的な人気のある生徒からは存在すら気づかれない。

ここで興味深いのは、本線上にいるけれど、大きなグループをつくっていない生徒がいることだ。友だちの数だけを見れば、XはグループAの末端にいるGとほとんど変わらないが、2人には大きなちがいがある。Gが情報から疎外されているのに対し、Xは大グループのリーダーとつながることですべての情報にアクセスできるのだ。

というよりも、リーダー同士の情報交換はXを介して行なわれる。こうした立場は、一般に「フィクサー」と呼ばれている。

政治、経済、あるいは裏社会において、Aのタイプは組織のリーダーとして強いちからを持っているが、その対価として重い責任を担い、世間の批判の矢面に立たされることもある。それに対してXのタイプはあまり表に出てくることはないが、その情報力でリーダーに影響力を行使できる。この両者はどちらが優れているということはできないが、これからの時代は「重たいA」よりも「軽いX」の生き方が魅力的になるとぼくは考えている。

その理由は、インターネットやSNSのような新しいテクノロジー（ネットワークツール）によって、「重たい」組織に拘束されることなく「軽く」生きられるようになったからだが、これについてはあとであらためて説明しよう。

キャラちがいと自分さがし

「自分らしさ」とはなんだろう。その特徴は、なにが「自分らしい」か訊かれてもうまくこたえられないけど、「自分らしくない」ことはすぐにわかるし、その判断になんの迷いもないことだ。——ファッションが好きなら「自分らしくない服」は一瞬で判断できるはずだ。

これは、君が「自分」を知らなくても、無意識は君が何者なのかちゃんと知っている、ということだ。この無意識を、ここでは「スピリチュアル」と名づけよう。

スピリチュアルは「霊性」とか「精神世界」のこととされるが、「こころのなかの意識できない部分すべて」の意味で使う。研究者によっても意見は分かれるが、脳科学ではヒトのこころの９割（あるいは99％）は無意識すなわちスピリチュアルだとされる。

キャラとは、子どもの頃に友だち集団のなかで（無意識に）つくりあげたスピリチュアルのことだ。ひとはスピリチュアルを意識できないけど、それは一個の「人格」として、好きなことや嫌いなこと、やりたいことやりたくないことにものすごくこだわっている。

どんな子どもも自分のキャラを持っていて、それを使って友だちとつき合う。英才教育として天才児を同世代の子どもたちと切り離して育てることがあるが、こういう子どもはおうおうにして、大人になってから人間関係をうまくつくれなくて困難な人生を歩むことになる。これは、自分のキャラを持っていないからだろう。

ここから、世の中になぜいろんな役割（キャラ）があるのかも説明できる。

ぼくはずっと、政治家を目指したり、出世階段を登って会社の社長になろうとしたり、そういう大変なことをするひとがいるのが不思議で仕方なかった。それよりもっと楽に生きられる方法がいくらでもあるのに。

でもこれは、ぼくがリーダーキャラではないからだ。すべての友だち集団に必ず1人のリーダーがいて、彼ら／彼女たちがそのまま大人になっていくのだから、社会にはものすごい数の潜在的なリーダーがいる。このひとたちが頑張っているお陰で組織が成り立つし、社会は回っていくのだ（たぶん）。

同様に、すべての友だち集団に必ず1人の道化役キャラがいるとすると、日本の社会にはものすごい数の潜在的な道化がいることになる。ぼくはこれが、お笑い芸人がこんなにたくさんいる理由ではないかと思っている。——ちなみにぼくは、小学校の頃に何度か転校したことから、「よそ者キャラ」になったのではないかと自分では思っている。

いったんできあがったキャラが変わらないとすると、リーダーだった子は大人になってもリーダーキャラのままだし、道化役だった子は大人になっても道化キャラだ。でも社会に出ると、リーダーキャラの子が組織の下っ端になったり、道化キャラの子が管理職をやらされたりすることもしばしばある。こうした「キャラちがい」が起きると、ひとはそれを「自分らしくない」と感じるのだ。

「自分らしい」生き方とは、スピリチュアルが納得する生き方のことだ。「自分に素直」でないと、君のスピリチュアルが、「こんなのぼく（わたし）じゃないよ」と騒ぎはじめる。その声が耐えがたいほど大きくなったとき、ひとはすべてを捨てて「自分探し」の旅に出かけるのだろう。

知性とビッグファイブ

誰もが一瞬で初対面の相手のキャラ（性格）を見極めて、自分に「合う」か「合わない」かを判断している。つき合っているうちに「最初の印象とぜんぜんちがう！」ということもあるだろうけど、だいたいにおいてこの第一印象は正確だ。いったい何を基準にして、こんなことをしているのだろうか。

心理学者はさまざまな研究を行なって、ひとには大きく5つの性格特性があり、パーソナリティ（人格）はその組み合わせだと考えるようになった。これが「ビッグファイブ」で、「外向的／内向的」「神経症傾向（楽観的／悲観的）」「協調性」「堅実性」

「経験への開放性」で構成されている（ただし協調性は「同調性」と「共感力」に分かれる）。

じつはこれ以外にも他人を判断するときの重要な基準があって、それは「知性」と「外見」だ。

難しい説明を省略すると、ぼくたちは見知らぬひとと会ったとき、無意識のうちに次の8つ（ビッグエイト）を知ろうとする。

①明るいか、暗いか（外向的／内向的）
②精神的に安定しているか、神経質か（楽観的／悲観的）
③みんなといっしょにやっていけるか、自分勝手か（同調性）
④相手に共感できるか、冷淡か（共感力）
⑤信頼できるか、あてにならないか（堅実性）
⑥おもしろいか、つまらないか（経験への開放性）
⑦賢いか、そうでないか（知性）
⑧魅力的か、そうでないか（外見）

どうだろう。初対面の相手に対して、ほかに興味を持つことがあるだろうか。逆にいうと、これ以外のことは誰もほとんど気にしないのだ。

「頭がいいかどうかなんて、人生になんの関係もない」というひとが（たまに）いるけれど、残念ながらこれはまちがいだ。知能が人生のパフォーマンスにどう影響するかについては膨大な研究があって、知能が高いほど高学歴で収入の高い仕事に就き、よい配偶者とよい子どもを得て、身体的にも精神的にも健康度が高い傾向があることがわかっている。なぜならぼくたちが生きているのが「知識社会」だからで、それは言語運用能力や数学・論理的能力が高いひとに大きな優位性がある社会のことだ。

「経験への開放性」は好奇心が強いかどうかで、開放性が高いと一人旅をしたり、外国人の友だちや恋人をつくったり、新しい音楽・アート、商品などに強い興味を持つ「リベラル」になり、開放性が低いと変化を嫌い、伝統を尊重する「保守」になる。経験への開放性が高い相手は、アブないこともするけれどつき合っていて面白い。

「堅実性」が高いひとは信用できるから、恋人や友だちはもちろん、会社の上司・同僚・部下など仕事仲間としても最適だ。ただし堅実性が極端に高くなると強迫神経症の傾向が出てくる。

「外向性」は、社交的で、活発で、対人的に自信を持っていることを表わす指標で、リーダーにぴったりだ。それに対して内向的だと、人見知りが強く、おとなしく、他人とのつき合いに自信のないタイプになる。

「神経症傾向」は楽観的か悲観的かの指標で、極端に神経症傾向が強いと神経症（恐怖症、パニック障害）や精神疾患（うつ病）と診断されることもある。逆に楽観的なひとは挫折からの立ち直りが早く、人生の満足度や幸福度が高い。

知能が高く、好奇心が強く、外向的で誰とでもきさくにつき合い、堅実で約束を守り、おまけに楽観的で精神的に安定しているのはものすごく魅力的なパーソナリティ（人格）で、社会的・経済的に成功するのはだいたいこのタイプだ。でも内向的だとダメなわけではなく、組織を引っ張るリーダーにはなれなくても、研究者やエンジニア、開業医、カウンセラーなど1人でできる専門職に向いている。アメリカの調査では、裕福なのは外向的な営業マンではなく内向的な専門職だ。

人間は社会的な生き物として組織に同調するようにつくられているが、それでも一匹狼のような生き方を好むひとはいる。でもこうした「同調性」の低いタイプが、

「共感力」が低いとは限らない。組織に徹底的に服従・同調するが他人への共感力がないひと（男に多いだろう）もいるだろうし、組織に属さずフリーランスとして働きながら家族や友人に深い共感を示すひと（女に多いだろう）もいるだろう。

「ＥＱ（こころの知能指数）」は共感力の指標で、複雑化する社会ではますます重要になっているとされる。とはいえ、スティーブ・ジョブズのような「天才」はたいてい極端にＥＱが低い。他人の気持ちや常識など気にしないから、誰もが驚くような創造（イノベーション）が可能になるのだ。

君はどのタイプ？

「君がどんな人間かはビッグファイブでわかる！」といわれても、「そんなの性格占いとどこがちがうの？」と思うかもしれない。というか、つい最近までぼくもそう思っていた。

でも、そんな疑いを覆す事件が起きた。トランプがヒラリー・クリントンに勝った２０１６年のアメリカ大統領選で、トランプ陣営がＳＮＳのデータを不正に使って選挙活動を行なっていたのではないかと大騒ぎになった。フェイスブックの「いいね！」

からユーザーの性格や政治的立場を予測して、もっとも効果がありそうなグループに広告を流していたというのだ。

ジャーナリストたちが調べてみると、どんなニュースやコメントに「いいね！」しているかだけで、年齢や性別などなにひとつ知らなくても、ユーザーの性格が判断できることがわかった。それも、信じられないような正確さで。

この方法を開発した研究者によると、相手がどんな人間かを予測する能力は、「いいね！」の数が10で同僚、70で友人、150で両親、（わずか）250で配偶者を超えるという。その方法ものすごくシンプルで、ビッグファイブを使った標準的な性格テストの結果を大量に集めて、それと「いいね！」の関係を統計的に解析しただけだ。

このようにして、「ビッグファイブ」がありきたりの性格占いではなく、ものすごく強力な理論であることが証明された。ぼくたちは5つの性格の組み合わせなのだ。

――と聞くと、じゃあどんな結果になるのか知りたいと思うにちがいない。

そこでここで、ビッグファイブのかんたんなテスト（BFI-10）を紹介しておこう。10項目の質問に答えるだけのかんたんなものだが、その結果はより詳しい性格判定基準とほとんど変わらないことがわかっている。

以下の性格を表わす文①から⑩に、１から5の点数をつけてください。

1点＝まったくあてはまらない
2点＝ややあてはまらない
3点＝どちらでもない
4点＝ややあてはまる
5点＝すごくあてはまる

①能動的な想像力をもちあわせている（　）
②芸術への関心はほとんどもちあわせていない（　）
③ていねいな仕事をする（　）
④なまけがちだ（　）
⑤一般的に信頼できる（　）
⑥他人の欠点を探しがちだ（　）

⑦ゆったりしていて、ストレスにうまく対処できる（　）
⑧すぐにくよくよする（　）
⑨外に出かけるのが好きで、社交的だ（　）
⑩遠慮がちだ（　）

質問のうち、①と②は「経験への開放性」、③と④は「堅実性」、⑤と⑥は「協調性」、⑦と⑧は「安定性（楽観的）」、⑨と⑩は「外向性」にかかわる。得点の計算は、それぞれのペアごとに奇数番号のスコアから偶数番号のスコアを引き算するだけだ。「能動的な想像力をもちあわせている」が5（すごくあてはまる）、「芸術への関心はほとんどもちあわせていない」が1（まったくあてはまらない）なら、奇数（①）の5点から偶数（②）の1点を引いて、「経験への開放性」のスコアは「プラス4」になる。

それぞれの得点は「プラス4」（とても高い）から「マイナス4」（とても低い）まで幅がある。この例では「経験への開放性」は「とても高い」になって、新しいものや珍しいことに強い興味を持っていることがわかる。

あまりにかんたんで子どもだましだと思うかもしれないが、このテストで君の性格が判定できるのは、他人は君に対してこの程度のことしか気にしていないからだ。人格というのは君の内面にあるのではなく、「まわりのひとたちが君をどう見ているのか」という評価の平均だ。

友だちグループは外見だけでなく、パーソナリティが似ている者同士の集まりでもある。自分と性格が似ている相手といっしょにいると、どのような反応をするか予測しやすく、ストレスがなく楽しい。

「経験への開放性」が高い者同士だと、最先端のガジェット、突飛なファッション、前衛的な音楽、芸術系の映画から海外の秘境まで、ふつうのひとでは理解できないディープな会話ができる。「開放性」が低い（保守的な）タイプがそんな場に紛れ込んだら、ものすごく気まずい雰囲気になるだろう。このひとたちは、アメリカンフットボール（日本ならプロ野球）をテレビ観戦しながら家族や友人とだらだらビールを飲むような関係が心地いいのだ。

同様に、外向的なひとは活発なグループに、内向的なひとは図書館で長い時間を過ごすようなグループに入るし、同調性が高いひとは、自分たちのグループに同調性の低い（自分勝手な）人間が入ってくることを嫌うだろう。

スピリチュアルは無意識のうちに相手のビッグファイブを読み取って、「好き＝自分に合う」か「好きじゃない＝合わない」かを判断しているのだ。

第3章

世界編3

――「好きを仕事に」の法則

なぜ友だち集団のなかでキャラを立てなくてはならないのだろうか。その理由はひとつしかない。「異性から注目されること」だ。これも長い進化の過程のなかで、そうなるように「ヒトの本性」としてつくられてきた。——なぜ異性に注目されたいかは、わざわざ説明する必要もないだろう。

友だち集団でごく自然にキャラが決まるのは、それが自分をいちばん目立たせる方法だからだ。「キャラかぶり」が嫌われるのは、同じキャラが2人いると目立てなくなってしまうからだろう。

ぼくたちはみんな、自分の属する集団を一番にすることと、その集団のなかで目立つ(一番になる)ことの、2つのゲームをやりながら大人になっていく。これがよくわかるのが少年マンガのスポーツもので、『ドカベン』(高校野球)から『キャプテン翼』(サッカー)、『黒子のバスケ』(バスケットボール)まで、主人公を中心に魅力的なキャラを持つ脇役たちが集まってチームをつくり、強力なライバルチームを打ち破って日本や世界のトップを目指す。不良や暴走族が出てくるヤンキーマンガや、戦国武将たちが天下取りを争う時代劇も、こうした物語の骨格は同じだ。

どうすれば友だち集団のなかでうまくキャラを立てることができるのか。そのもっとも効果的な戦略は、自分がいちばん得意なことに集中することだろう。

なにが得意かは、たいていの場合、生まれ持っているものが強く影響する。でもこれは、「遺伝がすべて」ということではない。なにを好きになるかは「偶然」によって決まるのだから。

友だち集団のなかで、たまたますこし足の速い男の子はサッカー選手を目指すかもしれない。ちょっと歌のうまい女の子は、そのちがいを活かそうとアイドルに憧れるかもしれない。このとき、男の子はサッカーを、女の子は歌を好きになる。そしてたぶん、それ以外のことには興味を持たなくなるだろう。なぜなら、得意でないことをどれほど頑張っても目立てないから。

ジャイアンと出木杉《できすぎ》くんを例に、このことを説明してみよう。

ジャイアンは身体が大きく、ちからが強く、野球が得意だけど、勉強には興味がない。お母さんからいつも「宿題やりなさい」と怒られて、（意識のうえでは）やろうとするのだけど、ちょっと教科書を見るとすぐにイヤになってしまう。これは、どれほど勉強しても目立てない（出木杉くんにはかなわない）ことを無意識に知っているからだ。だからジャイアンのスピリチュアルは、「勉強なんてやめて、もっと野球で目立とうよ」と囁《ささや》く。

それに対して出木杉くんのスピリチュアルは、野球ならジャイアンと互角で、勉強なら圧倒的に目立てることを知っている。だから休みの日も、野球チームに加わるのではなく、読書など自分が好きなことをしたいと思う。

目立つというのは異性が熱い視線を向けてくれることだけど、これを一般化すると、「みんなから高い評価をもらえること」になる。社会的な動物であるヒトは、やはり本性によって、評価を幸福と結びつけるようにできている。フェイスブックの「いいね！」、X（旧ツイッター）のフォロワー数、インスタ映えやTikTokのファン数に一喜一憂するのはこれが理由だ。目立てばうれしいし、みんなからほめられ、うらやましがられることはひとを幸福にするのだ。

子どもの人生に子育てはたいして関係ない

君のスピリチュアルは、友だち集団のなかで「ちがい」を生み出し、目立とうと頑張っている。でもこれは、ちがいさえつくれれば、それはなんでもかまわないということでもある。つまり、どの友だち集団に入るかによってキャラは偶然に決まる。

このことを、アメリカの一卵性双生児の姉妹の話で説明しよう。

彼女たちの母親は貧しいピアニストで、自分ではとても子どもを育てられないと絶望して生まれたばかりの2人を養子に出すことにした。1人は音楽教師の家に、もう1人は音楽になんの興味もないごくふつうの労働者の家にもらわれていった。大人になって、彼女たちの1人はプロのピアニストになり、もう1人は音楽とはなんの関係もない仕事に就いた。

「なんだ、つまらない」と思ったかもしれない。一卵性双生児はまったく同じ遺伝子を親から受け継いでいて、母親がピアニストなのだから、2人とも生まれながらに音楽の才能を持っていたにちがいない。音楽教師のもとで英才教育を受けた娘が、才能を活かしてプロのピアニストになるのは当たり前だ……。

でも、事実はこれとまったく逆だった。プロのピアニストになったのは音楽になんの興味もない家庭で育った娘で、音楽と関係ない仕事に就いたのは音楽教師の家庭で育った娘だったのだ。

なぜこんな不思議なことが起きるのだろうか。

一卵性双生児の姉妹はたしかに母親から音楽の才能を受け継いでいたけれど、ふつうの家庭にもらわれた娘はそのことをまったく知らなかった。それでもなにかのきっかけで（保育園で楽器を演奏するとか）、自分がまわりの子どもたちと比べて音楽が得意なことに気づいただろう。

楽器を上手に演奏すると、先生や友だちがほめてくれる。それがうれしくてもっと練習すると、みんなは驚いて「全校生徒の前で弾いてよ」とか「コンクールに出なよ」とかいわれる。こうして楽譜すら読めない養親に育てられた娘がプロのピアニストを目指すようになる。

それに対して音楽教師の家で育った娘は、まわりにいる友だちの親も音楽関係ばかりだったかもしれない。そんな子どもたちは、親から（それなりに）音楽の才能を受け継いでいるから、すこしくらいピアノを上手に弾けたからといってぜんぜん驚いてくれない。そうなると、自分がもっと目立てる別のこと（たとえばファッション）が好きになって、ピアノの練習は嫌いになるだろう。

このように、まったく同じ才能（同じ遺伝子）を持っていても、どんな友だち集団に入るかで人生は大きく変わってくる。これが、「遺伝がすべてではない」という意味だ。

それと同時に一卵性双生児の姉妹のケースは、子育てが子どもの人生にさしたる影響を与えないことも教えてくれる。子どもが親に似ているのは遺伝子を受け継いでいるからで、子どもは友だち集団のなかでの遺伝的なちがいをフック（きっかけ）にして、自分のキャラをつくっていく。そして親は、この過程に（ほとんど）かかわることができないらしい。

子どもにとっては、友だちの世界がすべてだ。親の説教と友だちグループのルールがぶつかると、子どもは躊躇《ちゅうちょ》なく親の説教を無視する（君にも覚えがあるだろう）。これは一般に「反抗期」と呼ばれる。

「最近の子どもは反抗期がなくなった」といわれるが、これはたぶんまちがっている。親のものわかりがよくなって、子どもと友だちのような関係になってきたのだ。親が友だちの世界に介入しないのなら、子どもには親に反抗する理由がないだろう。

「圧倒的な努力」ができるのは好きなことだけ

得意なことで頑張ると、みんなからほめられる（彼氏や彼女から「すごいね」といわれる）。そうするとますます好きになって、夢中になって頑張るようになる。これが、すべてのひとのこころを支配する「スピリチュアルの法則」だ。

好きなことは得意なことで、「自分らしい」ことでもある。ここからわかるのは、「圧倒的な努力」ができるのは好きなことだけというものすごく単純な事実だ。

世の中には「やればできる」というひとがいっぱいいる。でもこれは、まったくのデタラメだ。好きでも得意でもないことは「やってもできない」し、そもそも頑張ることさえできない。なぜなら君のスピリチュアルが、「そんなことやりたくないよ」と全力で抵抗するから。

意識（やらなきゃいけない）が無意識（やりたくないよ）にほとんど抵抗できないということは、いまでは脳科学が膨大な証拠を積み上げて繰り返し証明している。だとしたら、「やればできる」ではなく「やってもできない」を前提として人生ゲームの攻略法を考えるべきだ。

「頑張れるのは好きなことだけ」をポジティブに反転すると、「好きなことはいくらでも頑張れる」になる。好きを仕事にしているとき、ひとは「自分らしく」生きていると感じるのだ。

ところで、好きを仕事にするにはどうすればいいのだろうか。

メジャーリーグの大谷翔平選手のように、子どものときから好きなこと、得意なことがはっきり決まっていて、その夢に挑戦して実現できるのが理想なのはまちがいない。でも現実には、こういうひとはほんのわずかしかいないし、だからこそ「スター」と呼ばれる。

それに対して（ぼくも含め）ほとんどの凡人は、「自分らしいこと」や「自分らしくないこと」はわかっても、それをどうやって仕事につなげていけばいいのか迷ってばかりだ。でもこれは当たり前のことで、ぜんぜん心配することはない。なぜなら君には、これからまだたくさん時間があるのだから。

最近はキャリア教育とかいって、大学生のうちに、あるいは高校生のときに、自分の「スペシャルなもの」を見つけなさいと教えているようだけど、ぼくはこれをあまり信用していない。高校生のときは彼氏／彼女のことで頭がいっぱいなのがふつうだし、大学生は遊びに夢中で、たまに「こんな世の中はまちがってる」とか「この世界をもっとよくしたい」とか議論するくらいの方がずっと健全だ。だから、こういう「教育」は話半分に聞き流しておけばいい。

大学3年生になると就活がはじまって、そのルールをどうするかでもめている。これについてもぼくは、大学を出て（中退でも高卒でもいいけど）どこかの会社で働くことは勧めるけど、就活に必死になることはないと思っている。

かつての日本は、いったん就職すると、その会社に40年間閉じ込められるのが当たり前だった。就職氷河期の頃は、「就活に失敗すると一生負け組」といわれた。でもこんな異常な制度はさすがに崩壊しつつある。いまでは20代なら、あるいは30代前半までは、何度でも転職できるようになった。

最初から「好き」がわかっていて、夢に向かって一直線に進んでいける幸運なひとを除けば、「好きを仕事にする」方法はたぶんひとつしかない。それはトライ&エラーだ。そのときに大事なのは、会社ではなく仕事を選ぶことだ。

世の中にはものすごくたくさんの仕事がある。それでもなんとなく、自分に向いているものと、向いてないものはわかるはずだ。なぜなら、君のスピリチュアルが「自分らしくない」ものを拒絶するから。

こうやって自分に向いていそうなものをある程度絞り込んでも、まだまだたくさん仕事はある。だとしたら、あとは試してみるしかない。

内向的で他人と話すのが苦手なひとが営業の仕事をしてもイヤな思いをするだけで、

そんなことに耐えるのは時間のムダだ。たまたま入った会社で、「とりあえず何年か営業をやってみなさい」といわれたら、「自分らしくないことはできません」といってさっさと辞めよう。トライ&エラーできる期間はかぎられているのだから。

自分らしいかどうかを基準にして、面白そうな仕事をいろいろ試してみるなかで、なにが「好き」かがわかってくるはずだ。

スピリチュアルが拒絶するもので妥協するな

「仕事選びはトライ&エラー」というのはぼくが勝手にいっていることではなく、アップル創業者のスティーブ・ジョブズも、2005年にスタンフォード大学の卒業式で行なったスピーチで述べている。すい臓がんで闘病していたジョブズが、「ハングリーなままであれ。愚かなままであれ"Stay Hungry. Stay Foolish."」と若者たちを励ますこのスピーチはとても感動的で、インターネットにも英文や和訳がたくさん載っているので、ぜひ読んでほしい。

ジョブズは、これから社会に出ていく若者たちにこう語りかける。

好きなことがまだ見つからないなら、探し続けてください。決して立ち止まってはいけない。本当にやりたいことが見つかったときには、不思議と自分でもすぐにわかるはずです。すばらしい恋愛と同じように、時間がたつごとによくなっていくものです。だから、探し続けてください。絶対に、立ち尽くしてはいけません。

本当にやりたいことは、なぜ「不思議と自分でもすぐわかる」のだろうか。それは、君が知らなくても、君のスピリチュアルが知っているからだ。

でもここが大事なところだけれど、ジョブズがいっているのは、どこかに君の「天職」があるはずだから、それを探し続けなさいということではない。

たくさんの仕事のなかには、君に向いているものと、向いていないものがある。向いている仕事のなかで、君がどれを選ぶかはほとんど偶然に決まる。そして、その仕事を一生懸命やっているうちにどんどん「好き」になって、やがて「天職」と思えるようになるのだ。

ジョブズは大学時代、東洋思想（禅）に夢中で、キャンパスを長髪・袈裟《けさ》姿で裸足で歩きまわり、けっきょく半年で退学してヒンドゥー寺院にいりびたっていた。ゲーム会社でアルバイトしたのは、インド放浪の資金を貯めるためだった。

ところがその後、ジョブズはコンピュータが「好き」になり、自分がビジネスに向いていることに気づく。こうして数々の伝説をつくっていくのだけど、それは天才プログラマー（アップルの共同創業者スティーブ・ウォズニアック）が友だちだったり、アルバイトで夜勤の仕事をしようと思ったらそれがたまたまゲーム会社（アタリ）だったり、という偶然の積み重ねだ。

もちろんジョブズは天才だから、なにをやってもいずれは大きな成功を手にしただろう。でもその伝記を読むかぎり、ヨーガ道場のチェーンをつくったり、自然食のレストランをはじめたり、あるいはカルト教団の教祖になっていたりしても（これがいちばんありそう）ぜんぜん不思議はない。

ついでにいっておくと、これは恋愛にも当てはまる。

どこかに「赤い糸」で結ばれた運命の恋人がいるわけではない。それでも、君と「相性がいい」か「相性が悪いか」は、スピリチュアルが見分けてくれる。

外見が魅力的だとか、お金があるとかの理由で相性の悪い相手とつき合っていると、まずまちがいなくヒドいことになる。スピリチュアルが嫌いだと思う相手を、意志のちからで好きになることはできない。

それに対して、偶然出会って、「なんかいいな」とか、「自分と合いそう」と（スピリチュアルが）思った相手と長くつき合っていると、そこに「すばらしい恋愛」が見つかるのだ。

しばしば誤解されるけど、ジョブズが「探し続けてください」というのは、「天職」が見つかるまで何度でも転職しろとか、「運命の相手」が見つかるまで恋人を取り換えろということではない。「スピリチュアルが拒絶するもので妥協するな」ということだ。

トライ&エラーをしていくうちに、君のスピリチュアルが「好きなこと」を（偶然に）見つけてくれる。そうなれば、あとはそれに全力投球するだけだ。

「1万時間の法則」では、どんなことであれ「一流」になるには1万時間（1日10時間として1000日≒3年間）の訓練や実践が必要だという。なぜこんなに努力できるかというと、それが「好き」だからだろう。イヤなことを1万時間もやらされたら、それは拷問《ごうもん》というか虐待だ。

好きなことだから頑張れるし、頑張ったことでみんなから評価され、それがますます好きになる。この好循環（フィードバック）から、君にふさわしい「天職」が生まれる。

だから、「好き」を見つけたら、「ほかにもっと向いている仕事があるのでは」なんて考えない方がいい。浮気をするとたいていロクなことにならないのと同じだ。

会社は社員が幸福になるための道具

どの仕事が「好き」かを決めるのは君ではなく（もちろん君の親でもなく）、君のスピリチュアルだ。でも君には、無意識がなにを考えているのかを知ることはできない。

君がわかるのは、スピリチュアルが「自分らしいこと＝好きなこと」をやりたがっていることだけだ。だからこそ「自分らしさ」を、仕事を選ぶ基準にするしかない。

スピリチュアルが嫌がることを（意識によって）無理にやろうとすると、短期間ならなんとかなるかもしれないけど、ほとんどの場合かなりヒドいことになるし、ときには取り返しのつかないことにもなりかねない。君は、君のスピリチュアルに逆らうことはできない。無理やり従わせようとすると、スピリチュアルは君を内側から破壊してしまうだろう。

近頃は、新卒で入社した会社を3年といわず1年で辞めてしまう若者が増えているという。「いまの若者はわがままだ」と批判するひともいるけど、ぼくはこれをとても健全なことだと思っている。

たまたま入った会社に、自分にばっちり合った仕事があるなんて、宝くじに当たるのと同じような確率だ。「ここでは自分らしいことができない」と思ったら、さっさと次に移った方がいい。

これがトライ&エラー戦略だけど、最近では、人手不足もあって、会社も若手社員を引き留めるのに必死なようだ。大手企業では、優秀な若手が辞めると上司が責任を問われるようになって、(仕事のできない)年配の社員を左遷して、若手に責任のある仕事を任せるところも増えてきたという。

そんな会社に入社したら、これを利用しない手はない。いちいち転職しなくても、会社にいながらにしてトライ&エラーができるのだから。

そうやって会社のなかで「自分らしい」仕事が見つかると、それに全力投球することでだんだんみんなから注目されるようになる。こうしてよい評判（あいつは若いけど仕事ができる）が積み重なって、もっといい条件で転職できるようになるだろう。好きなことをやりながら自分のキャリアをレベルアップしていくのが「キャリアビルディング」だ。

このように書くと「会社を踏み台にするのか」と怒るオジサンがいるかもしれないけど、それでぜんぜんかまわない。というか、この国には「サラリーマンは会社に滅私奉公するのが当たり前」と思っているひとが多すぎる。これはまったく逆で、会社は社員が幸福になるためのただの道具だ。道具なのだから、（もちろんルールを守ったうえで）使い倒せばいい。

好きなことと得意なことがちがっていたら？

ここで、「好きなことと得意なことがちがっていたらどうすればいいのか？」という質問が出るかもしれない。実際、こういうことはよくあるし、人生の重要な選択になる。

これはもちろん一人ひとりが決めることだけど、一般論としていうならば、好きなことより得意なことを選んだ方がうまくいく。

ぼくの知り合いに、プロレスが大好きな公認会計士がいる。彼は学生時代から同人誌にプロレス評論を書いていたのだけど、これでは食べていけないと思って、公認会計士の試験（これはかなり難しい）に合格し、会社の決算を監査したり税金の計算をする仕事を選んだ。そしていまでも、プロレス同人誌に原稿を書いている。

彼にとって、好きなことはプロレスで、得意なのは会計だ。そしておそらく（あるいはぜったい）、得意なことを捨てて好きなことを仕事にしていたら、いまのような裕福な暮らしはできなかっただろう。

それに彼は、「イヤなこと」をがまんしてやっているわけではない。「細かな数字を扱う仕事はどう？」と訊いたら、「好きってわけじゃないけど、嫌いでもない」といっていたから。

アメリカでは、「ビジネスで成功してから好きなことをやる」というライフスタイルが定着しつつある。グローバル金融機関の幹部にまで出世したひとが50代で脱サラして、（ビジネスのアドバイスをする）コンサルタントになった。でもほんとうになりたかったのは彫刻家で、そのために週2日は作品の制作に専念できるようにしたかったのだ——こんな話も珍しくなくなったらしい。
もちろん、50歳から彫刻家を目指しても、芸術家として大成できるかどうかはわからない。それでも、得意なこと（ビジネスの才能）を捨てて若いときから芸術に専念し、けっきょくうまくいかずに貧しいまま年をとっていくよりも、ずっと幸福な人生なんじゃないだろうか。

「きらきらのキャリア」より魅力的な「物語」を

こうしてようやく、話は元に戻ってきた。

これからの君のいちばん大事なプロジェクトは、「好きなこと、得意なこと」を仕事にする方法を見つけることだ。そうなれば、80歳でも100歳でも、いつまででも働きつづけることができる。

仕事が遊びであり、生きがいになったなら、君が50歳になったとき、「まだあと50年も楽しめるのか」とものすごくポジティブな気持ちになるだろう（「まだまだやりたいことがあるのに、あと50年しかない！」と焦るかもしれない）。でも現実には、「あと50年も生きていかなきゃならないなんて」と、ものすごくネガティブに考えるひとがいる。それも、ものすごくたくさん（図7）。

でもこれは、「きらきらのキャリア」じゃなきゃダメ、ということではない。

ぼくは大学のときは落ちこぼれで、さっさと就活をあきらめて出版業界の最底辺にもぐりこみ、24歳で友だちと会社（編集プロダクション）をつくって失敗してヒドい目にあったけれど、その話をすると大手出版社のえらいひとたちはみんな「君って面白いね」と喜んでくれた。

40歳になって、「あなたは何をやってきましたか」と訊かれて、「いろいろやってきました」ではやはりちょっと厳しい。「いろいろやってきて、その結果、この生き方・働き方を選びました」といえなければならない。これが個人のアカウンタビリティ（説明責任）だ。

「これまで何をやってきたの」と質問されたとき、相手が求めているのは納得できる説明だ。なぜなら、理解できないものは不安だから。

逆にいうと、ふつうとは異なるキャリアでも、「なるほど、そういう事情なのか」と納得できれば、かえって高く評価されることもある。

大事なのは「きらきら」のキャリアをつくることではなく、相手が納得する魅力的

図7

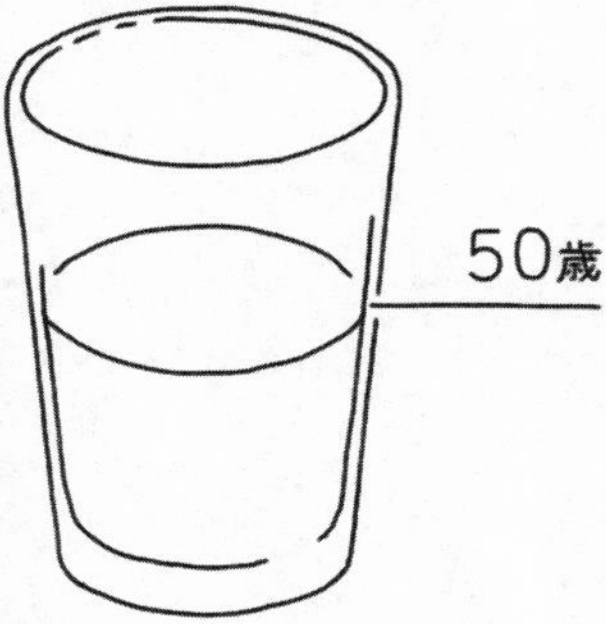

50歳になったときこのコップがどう見えるだろうか？

な「物語」を持つことだ。「有名大学を出て、一流企業に入って、順調に出世しました」では、面白くもなんともない。

大人はみんな、自分がたまたま出会った相手（若者）が金のタマゴだったらいいなと思っているのだから。

第4章 攻略編1
——お金

お金はなぜ大事なのか。それは、君をお金から自由にしてくれるからだ。まずは、この話からしよう。

地方の名門銀行で不適切な不動産融資が発覚し、内部でなにが起きていたのかを知るために第三者による調査が行なわれた。そこには、信じがたい行員の体験談が並んでいる。

「数字ができないなら、ビルから飛び降りろと言われた」

「上司の机の前に起立し、恫喝《どうかつ》される。机を殴る、蹴る。持って行った稟議書《りんぎしょ》を破られて投げつけられる」

「ものを投げつけられ、パソコンにパンチされ、オマエの家族を皆殺しにしてやると言われた」……。

これはブラック企業の話ではないし、もちろんマンガやホラー映画でもない。金融庁長官が「新しいビジネスモデル」と大絶賛していた銀行で起きた実話だ。

なぜこんなヒドいことになるのかは後回しにして、君のいちばんの疑問は、「ビルから飛び降りろ」とか「家族を皆殺しにしてやる」といわれて、なんでそんなところにいつまでもいるのか、だろう。さっさと辞めちゃえばいいのに。

でも、銀行員たちは辞められなかった。なぜなら、お金がないから。

「自由」とは、イヤなことをイヤだといえること

日本は自由な社会だろうか。

そんなの当たり前だ、と思うかもしれない。どこに住んでも、どんな仕事をしても、誰と結婚しても、（それが法律で許されているのなら）好きなように生きていいのだから。

世界には、親の決めた相手と結婚しなければならなかったり、女性が働くことはもちろん、家族や夫以外に顔を見せることすら許されない社会がある。いろんな国を旅してみればわかるけど、この時代の日本に生まれたというだけで、ぼくたちはものすごく幸運なのだ。

そんな「自由な社会」であるはずの日本でも、大多数の日本人（おそらく９割以上）はなにかに依存して生きている。

「ビルから飛び降りろ」といわれた銀行員が辞められなかったのは、ほかに仕事のあてがなく、会社に依存して生きるしかなかったからだろう。

ドメスティックバイオレンス（家庭内暴力）の調査で、夫から骨折するほど殴られた妻になぜ離婚しないのかと訊くと、そのこたえは「経済的な不安」だ。彼女たちの大半は専業主婦で、家計を夫の収入に依存している。

退職した高齢者は、年金がないと生きていくことができない。だから、毎月の年金が100円減っただけで大騒ぎする。これは、余生を国家に依存しているということだ。

「今日でクビだ」「離婚するから勝手にやってくれ」「日本国は破産しました」といわれたら、このひとたちの「自由」は跡形もなく消えてしまう。

「自由」を経済的に定義するなら、「国家にも、会社にも、家族にも依存せずに生きていくのにじゅうぶんな資産を持つこと」になる。これが「経済的独立」だ。

ひとたび経済的に独立すれば、「家族を皆殺しにしてやる」と恫喝する上司には、即座に辞表を叩きつけることができる。夫に暴力をふるわれたら、警察に訴えてさっさと離婚すればいい。仮に日本国が財政破綻して年金がもらえなくなっても、「せっかく保険料を払ったのに」とぼやくだろうが、これまでと同じ生活をつづけていけるだろう。

そしてこれは大事なことだけど、経済的に独立している人間に対しては、パワハラもセクハラもできない。いじめと同じで、逃げられないと知っているからこそ、安心して好きなだけいたぶるのだ。こういうことをするのは小心者で、相手に逆襲されると思うとなにもできなくなる。

なにかに依存していると、逃げ場がなくなってしまう。そこでしか生きていけないなら、なにをされてもひたすら耐えるしかない。これでは、自由な社会における「奴隷」だ。

経済的に独立していれば、理不尽なことが起きたらいつでも別の場所に移っていける。「自由」とは、イヤなことをイヤだといえることなのだ。

お金があれば、シャネルの服やスーパーカー、豪邸やプライベートジェットだって買えるだろう。これはたしかにそのとおりだけど、お金にとらわれない「自由」に比べたら、そんなものになんの価値もない。

ゼロサムとプラスサム

お金を手に入れる方法には大きく2つあって、そのやり方はかなり異なっている。

それが「ゼロサム」と「プラスサム」だ。

ゼロサムというのは「差し引きするとゼロ」になることで、誰かが持っているものを失い、別の誰かがそれを手に入れれば、富は全体として増えることもなければ減ることもない。戦国時代の武将の争いがこの典型で、織田信長が合戦で領地を増やせば、武田とか北条とかの周辺の大名がその分だけ領地を失うことになる。これをかんたんにいうと、「お金持ちになりたければ、他人の持っているものを奪うしかない」ということだ。

それに対してプラスサムは差し引きしても全体がプラスになるような取引のことで、その典型は交易だ。

君が山でキノコをたくさん採って、とても食べ切れなくて困っているとしよう。するとそこに、川で食べきれないほど魚を釣った漁師が現われて、「キノコと交換してくれないか」ともちかけた。

この取引で君は、捨てるしかないキノコで美味しい魚を手に入れ、漁師は、腐らせるしかない魚で新鮮なキノコを手に入れた。キノコと魚をもてあましていたときのそれぞれの満足度を50とすると、この交換によって2人の満足度は100に増えた。このように、市場の取引（交易）はプラスサムのゲームなのだ。

でも世の中には、このことを理解できないひとがいて、貧しいひとたちから「略奪」しなければお金持ちになれるはずがないと信じている。こうして、「お金持ち＝悪」「貧乏人＝善」という話になっていくのだけど、はっきりいってこれはものすごくまちがっている。もちろん世の中には悪徳商人はいるだろうが、貧しいひとのなかにも悪人はいるだろう。

グローバル市場が国家を超えて巨大化した現代では、ほとんどの富はプラスサムの交易（市場取引）から生まれる。それは両方が得をする「Win・Win」のゲームで、金持ちが貧乏人から略奪しているわけではない。

このことが理解できないと、君はぜったいにお金持ちにはなれない。略奪以外にお金を得る方法がないと信じている人間がお金持ちになろうとすれば、行きつく場所は刑務所だからだ。

お金持ちの方程式

お金持ちになる方法はものすごくかんたんだ。なぜならそれは、たった1行の数式で表わすことができる。

お金持ち＝（収入－支出）＋（資産×運用利回り）

足し算と引き算と掛け算だけでできた、小学生にでもわかりそうな方程式だけど、世界じゅうのひとびとを虜《とりこ》にしてきた「お金持ちになりたい」という夢が、このたった1行に凝縮している。

この方程式から、お金持ちになるには次の3つの方法しかないことがわかる。

①収入を増やす
②支出を減らす
③運用利回りを上げる

収入を増やす方法は2つある（というか、2つしかない）。

①　金融資本を金融市場に投資する
②　人的資本を労働市場に投資する

金融資本というのはかんたんにいうとお金のことで、金融市場は株式や債券、不動産、最近だとビットコインなど仮想通貨を取引するところだ。お金を金融市場で上手に運用できると資本が増えるし、失敗すると損して資本は減る。

人的資本というのは聞き慣れない言葉だけど、これは「働いてお金を稼ぐちから」のことだ。大きな人的資本を持っているひとはそれを労働市場に投資してたくさんのお金を稼ぐし、小さな人的資本だと収入もそこそこだ。

ぼくたちが生きている市場経済の社会では、すべてのひとが金融市場と労働市場から富を獲得して生きていくほかはない。「年金生活者はどうなのか?」というかもしれないけど、年金資産は国家が国民の代わりに金融市場に投資して運用している。――だから、経済危機が起きて運用に失敗すると大変なことになる。

金融資本と人的資本の関係

金融資本と人的資本の割合は、年齢とともに変わっていく。

20代で社会に出た直後は金融資本はほとんど持っていないけど、そのうち貯金もできるようになって、それを運用することでだんだん増えていく。それとは逆に、人的資本は最初は大きいけど、年をとるにつれて減っていって、引退するとゼロになってしまう。この関係を見える化すると図8になる。

ここで、「なぜ人的資本は若いときの方が大きいの?」と疑問に思うひともいるだろう。これは人的資本が、「これからずっと働くことで、将来得られる収入の総額」のことだからだ。

大卒サラリーマンの平均的な生涯収入は3億円から4億円といわれている。これはスタート地点(大学を卒業したとき)で少なくとも3億円の人的資本を持っているということだ。定年退職して労働市場から退出すると、これがゼロになってしまう。

実際はこれほど単純ではないが(将来なにが起きるかわからないから、そのぶんのリスクを割り引かなくてはならない)、20代の日本の若者なら誰もが1億円を超える人的資本を持っているだろう。いきなりこんなことをいわれてびっくりするだろうけ

図8

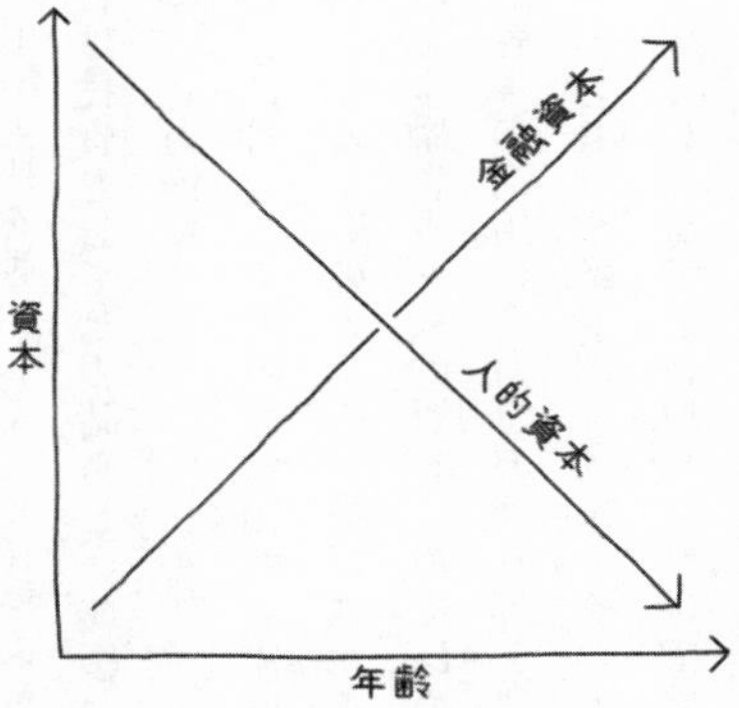

金融資本と人的資本

ど、これが「ゆたかな社会」に生きているということだ。

「お金を儲ける」というと、株とかビットコインを思い浮かべるかもしれない。もちろんこうした資産運用の知識もそのうち必要になってくるだろうけど、いまの君にはもっと大切なことがある。

若者は金融資本をほとんど持っていないけど（大学生で貯金が100万円あれば友だちは腰を抜かすだろう）、その代わりに1億円を超える人的資本を持っている。富を獲得するには、金融資本を金融市場に投資するか、人的資本を労働市場に投資するかの2つの方法しかない。だったら、どうすればいいかは考えるまでもないだろう。君がお金持ちになるもっとも確実な方法は人的資本を運用すること、すなわち働くことなのだ。

納得できない？　だったらこう考えてみよう。

100万円を運用して、年10％の利益を得られたとしよう。いまはゼロ金利だから、これは投資としては素晴らしい成績だ。でもそれによって獲得した富は100万円の1割、10万円だ。

それに対して1億円を年10％で運用できれば1000万円、半分の5％でも500万円になる。このように、投資は元本が大きければ大きいほど効率がよくなる。この鉄則を金融資本と人的資本にあてはめるなら、若いときははるかに元本の大きな方＝人的資本の活用に全力をあげるべきなのだ。

もっとも、金融資本とちがって、人的資本を運用して得た500万円や1000万円をすぐに現金で受け取れるわけではない。人的資本は将来の期待収入の合計、つまりヴァーチャルな（仮想の）収入だから、リアルな収入（月給）との差額は後払いになる。

その代わり人的資本には、金融資本にはない大きなメリットがある。

銀行預金や債券など元本が保証されたものを除けば、金融資本の投資にはリスクがある。これは、大きく儲かることもあれば、大きく損することもあるということだ。ところがほとんどのひとは、儲かることばかり考えて損することを想像できない。これが、投資（資産運用）に失敗するいちばん大きな原因だ。

それに対して、人的資本の活用にマイナスはない。働けば必ず収入を得られるのだから、これは「損をしない投資」みたいなものなのだ。

「生涯共働き」は最強の人生設計

収入を増やすには3つの方法がある。

①人的資本を大きくする
②人的資本を長く運用する
③世帯内の人的資本の数を増やす

人的資本を大きくするというのは「もっと稼げる自分になる」ことで、これは一般に「自己啓発」と呼ばれる。1億円だった人的資本を2億円、3億円へと大きくすることができれば、それにともなって収入も増えていくだろう。これはものすごく達成感があるのでとても人気があり、書店に行くと自己啓発関係の本がたくさん並んでいる。

それに比べて②と③はほとんど指摘されないけど、①と同じくらいか、あるいはそれ以上の効果がある。いちばんのちがいは、自己啓発はうまくいくこともいかないこともあるけど、こちらは確実に収入が増えて失敗がないことだ。

日本をはじめ先進国はどこも「人生100年時代」になって、60歳で仕事を辞めたら余生は40年もある。20代から60代まで40年間働いて稼いだお金で、マイホームを買い、子どもを大学まで行かせ、なおかつ定年後の40年間を夫婦で安心して暮らせるなんて魔法があるわけがない。1000兆円を超える天文学的な借金を抱える日本国が、すべての高齢者にじゅうぶんな年金を払いつづけられるとも思えない。

こうしてみんなが不安になるのだけど、60歳の定年後も仕事をつづけて、年収300万円得られるとしよう。70歳まで10年間働けば3000万円、80歳まで20年間なら6000万円だ。

「安心して老後を過ごすには、年金に加えて5000万円の金融資産が必要」といわれて途方に暮れているひとがたくさんいるけど、この不安は長く働くことでかんたんに解決できる。老後問題というのは「老後が長すぎる」という問題なのだから、老後を短くすれば問題そのものがなくなってしまう。105歳まで現役だった医師の日野原重明さんには「老後」などなかった（若い君にはまだ関係ないかもしれないけど）。

「世帯内の人的資本の数を増やす」というのは、ようするに共働きのことだ。

子育てが一段落した40歳から20年間、妻がパートか非正規の仕事で年200万円の収入があれば、60歳までの20年間で4000万円だ。夫といっしょに80歳まで40年間働けば8000万円になる。

この単純な計算からわかるように、夫1人が定年まで働いて、60歳で退職して年金生活する家計と比べて、「生涯共働き」は（夫の6000万円と妻の8000万円で）80歳までに計1億4000万円の「超過収入」を得ることができる。ゼロと1億4000万円では、人生最後の20年間の「格差」は天と地ほどになるだろう。「生涯共働き」は最強の人生設計なのだ。

このようにして、アメリカやヨーロッパなどの先進国では専業主婦はいなくなり、

housewife は英語ではほとんど死語になった。海外で「あなたの仕事は?」と訊かれて「ハウスワイフ」とこたえると、「病気や障がいで働けないかわいそうなひと」と思われることを覚えておこう。

専業主婦は2億円損をする

ここまでは「妻がパートか非正規で年収200万円」という設定にしたけど、これからの日本は、子どものいる女性も男性と同じように働けるようになっていく(すくなくとも、そういう社会にしようとはしている)だろう。これは、「日本はぜんぜん男女平等じゃない」と国際社会から批判されているからであり、人手不足がいよいよ深刻化して、女性に働いてもらわないとどこも仕事が回らなくなってきたからでもある。

男女の社会的な格差を示すジェンダー・ギャップ指数で、日本は世界146カ国中116位と相変わらず最底辺だ。日本社会ではさまざまなところで女性は差別されていて、子どもを産むと専業主婦になって子育てに専念する女性がまだまだ多い。いろんな調査を見ると、彼女たちが会社を辞める理由は子どもへの愛情というより、出産にともなって会社での居場所がなくなったからだ。

でもこうした残念なことも、これからは変わっていくだろう。

1980年代まで、日本の会社では、女性社員は結婚したら辞めるのが当然とされていた（いまは死語だがこれを「寿退社《ことぶき》」といった）。その後、「男女平等」の掛け声のもとで、結婚した女性も出産までは男性社員と同じように働けるようになった。そしていま、多くの会社が、出産した女性に辞められると困るようになっている。採用広告を出しても応募がぜんぜんなくて、不足人員を穴埋めできなくなっているのだ。

子どものいる女性に仕事を任せようとしても、彼女たちが働きやすい職場にしないとどんどん辞められてしまう。「女だから」とか「子どもがいるから」という理由で待遇に差をつけるのはいまでは違法だ。このようにして日本の会社も、すこしずつではあれ、女性が活躍できる環境になっていくはずだ。

そう考えると、結婚や出産で仕事を辞めるのはものすごくもったいない。

大学を出た平均的な女性が60歳まで働いたときの生涯年収は2億円だ。しかもこれには退職金は含まれていない。いまは65歳や70歳まで定年延長できるから、それも加えれば働く女性の生涯年収は2億5000万円から3億円になるだろう。仕事を辞めてしまえば、これがすべてなくなってしまうのだ。

このことの意味を、女の子は真剣に考えた方がいい。

でもこれは、女性だけの話ではない。

「女は結婚したら家に入るのが当然」と思っている男の子が、いまでもけっこういるらしい。もし君がそう考えているのなら、自分の将来を真剣に心配するべきだ。

君の親友が、「ぼくも子育てに協力するからいっしょに頑張ろうよ」と約束して結婚したとしよう。そうすると60歳のときには、1人で家計を支えてきた君は、共働きの親友に世帯収入で2億円もの差をつけられている。はっきりいってしまえば、親友はリッチで君はプアだ。

これからの時代は、「長く働く」「いっしょに働く」が、お金持ちになるためのキーワードなのだ。

複利は「宇宙で最強の力」

金融資本を運用するときに最初に覚えておくべき言葉が「複利」だ。

アインシュタインは複利のことを「人類最大の発明」「宇宙で最強の力」といった

とされる。相対性理論を打ち立てた天才物理学者がなぜ、畑違いの金融市場のことなどに興味を持ったのだろうか。

それは、複利が物理法則でもあるからだ。物理学ではこれを「フィードバック」という。

フィードバックは、出力（結果）の一部を入力（原因）に戻して出力を増幅することだ。といっても、これではよくわからないだろうから銀行預金で説明しよう。

10万円を金利５％で預けると（いまは超低金利だからこれは架空の例だ）、１年後に５０００円の利息を受け取れる。この利息を貯金箱に入れておくと、預金はまた10万円に戻って、２年目の利息も５０００円だ。これもまた貯金箱に入れると利息は１万円に増えて、元金との合計は11万円になる。これが「単利」で、お金は毎年５０００円ずつ増えていく。

それに対して、１年目の５０００円の利息を受け取らずに、そのまま銀行口座に戻すとしよう。すると元金は10万５０００円になって、金利は５％だから２年目の利息は５２５０円になる（１０５０００×０・０５）。これが「複利」で、出力の一部（利息）を入力（元金）に戻すというフィードバック効果を使っている。

単利と複利のちがいは1年目ではたった250円だけど、その差はだんだん開いていって、10年目は単利で15万円、複利なら16万2890円、20年目は単利で20万円、複利なら26万5330円、30年目は単利で25万円、複利なら43万2194円と2倍ちかくになる。これを100年つづけたとすると、最初の10万円は単利では60万円と6倍にしかならないが、複利なら1315万円と130倍にもなるのだ。これを見える化すると、単利と複利は図9のようにものすごくちがう。

物理学者であるアインシュタインは、フィードバック効果こそが「宇宙で最強の力」であることを知っていた。それが「複利」として金融市場で使われていることに驚いて、「人類最大の発明」といったのだろう。

ここでもういちど、お金持ちの法則を思い出してみよう。それはこうなっていた（図10）。

じつはここには、複利が二重に使われている。

ひとつは「（資産×運用利回り）」の部分で、銀行預金だけでなく、株式や債券投資でもいいけど、資産は単利ではなく複利で運用しなければならない。

もうひとつはちょっとわかりにくいが、「（収入－支出）」が利益で、これは預金に

図9

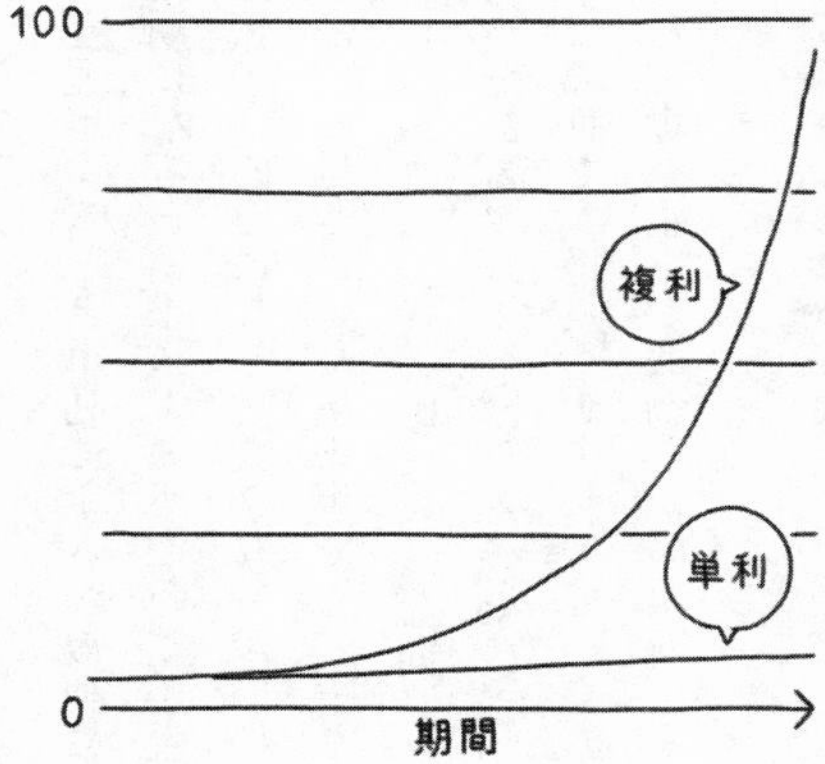

複利は「宇宙で最強の力」

図10

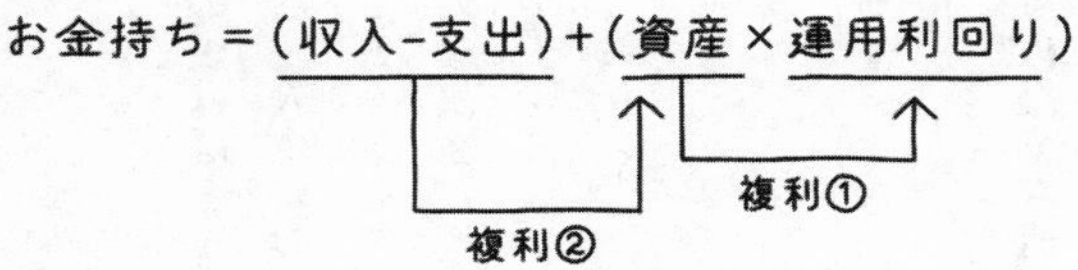

とっての利息と同じだ。この「利益」を「資産」に繰り込んでいくことで、フィードバック効果が生じる。「資産形成で大切なのは貯蓄を継続すること」という理由がここからわかるだろう。

10万円を運用するとき単利にするか複利にするかは、最初の頃はほとんど差がなくても、長期になると結果にものすごい差が生じる。このことは、人生におけるちょっとした選択が、あとになると大きなちがいになって現われることを示している。

人生には、一見ささいな出来事でも、振り返ってみると重要な決断だったということがたくさんある。20代の頃はみんな同じスタートラインに立っていても、「宇宙で最強の力」であるフィードバック効果によってわずかなちがいがどんどん膨らんで、年をとるにつれて「格差」が広がっていくのだ。

もちろん、専業主婦か共働きかの決断もそのひとつだ。

誰でも億万長者になれる社会

「お金持ちの法則」と複利のパワーによって、ゆたかな社会では誰でも億万長者になれる。「そんなバカな」と思うかもしれないが、これはものすごく単純な話だ。

アメリカの億万長者を徹底調査したトマス・J・スタンリーは、典型的なお金持ちがニューヨークのペントハウスではなく、労働者階級の暮らす下町のありふれた家に住んでいることを発見した。彼らは安物のスーツを着て、頑丈だが燃費のいい車を乗り潰し、周囲は誰もこの質素な一家が億万長者とは気づかない。億万長者は六本木ヒルズではなく、君の隣にいる。なぜなら、お金を使えばお金は貯まらないから。

スタンリーが出会ったなかには、3000万円を超える年収を得ながら、本人と家族の浪費癖のためにほとんど貯蓄がなく、将来の不安にさいなまれている医師がいた。その一方で、公立学校の教師として働きながら50代でミリオネアの仲間入りを果たし、退職後の優雅な生活が約束されている夫婦もいた。資産は収入が多いか少ないかで決まるのではなく、収入と支出の差額から生み出されるのだ。

そのうえでスタンリーは、収入の10～15%を貯蓄に回す倹約をつづけていれば、誰でも億万長者になれるという（正確には「平均年収の倍の収入」が必要だが、これは夫婦2人で働けば達成できる）。

日本では平均的な大卒サラリーマン（男性）の生涯収入は3億～4億円だから、共働き夫婦の生涯世帯収入を総額6億円として、そのうち15%を貯蓄すれば、それだけで9000万円だ。仮に貯蓄率を10％（6000万円）としても、年率3％程度で複利の運用をすれば、やはり退職時の資産は1億円を超えているはずだ。

こんな説明をしたところで、「そんなのただの理屈じゃないか」と思うひともいるだろう。それでは次のようなデータはどうだろう。

スイスの大手金融機関クレディ・スイス（現在はUBSと合併）が発表した「グローバル・ウェルス・レポート2022」では、資産額100万ドル（約1億4000万円）を超える富裕層（ミリオネア）の人数は、日本はアメリカ、中国に次いで世界3位で336万6000人となっている。日本の世帯数は4885万（2020年）だから、（ミリオネアが世帯主だとして概算すると）全世帯の6・9％、15世帯に1世帯が「ミリオネア世帯」ということになる。

同じ計算をアメリカに当てはめると、ミリオネアは2448万人、世帯数が1億3000万だから、やはり概算で全世帯の18・8％、なんと5世帯に1世帯がミリオネアだ。もちろん、富の分布は家族・親族に偏っているだろうが、それでもゆたかな先進国では、スタンリーのいうように、億万長者はあなたの隣にいるのだ。

この事実は、これから経済的独立を目指す君たちに大きな勇気を与えてくれるだろう。アメリカやヨーロッパ、日本などゆたかな先進国に生まれた幸運を活かすならば、運や能力に恵まれていなくても、努力と倹約だけで誰でもミリオネアになれるはずなのだから。

美味しさはなぜつづかないのか?

自由になるためにはお金が必要だとして、いったいいくら貯めればいいのだろうか。100万円ではぜんぜん足りないが、100億円はいらないということは、誰だってわかるだろう。人間には使えるお金に物理的な限界があり、お城のような豪邸に住む、プライベートジェットや大型クルーザーを所有する、月旅行に行く、とかを望まないかぎり(ちなみに、どれもぼくはまったく興味がない)、お金の使い道なんてそんなにないのだ。

だとしたら、目標はいくらにすべきか? その答えは、「富の限界効用が逓減《ていげん》して平衡《へいこう》状態になるまで」ということになる。

限界効用の逓減とはなにか? これは経済学の基本だけど、ぜんぜん難しい話ではない。暑い日の喉がからからに渇いたときに飲む炭酸飲料の最初のひと口がものすごっていく美味しいことは、みんな知っているだろう。でもこの美味しさはだんだん減っていって、2本も3本も飲みたいとは思わない。

このとき、炭酸飲料の美味しさを「効用」という。「限界効用」はひと口目からふた口目、3口目への変化のことで、美味しさが減っていくのが「逓減」だ。「これ以上はもういらない」と思ったら、そこが平衡状態になる。「限界効用逓減の法則」というとなにやらすごく難しそうだけど、美味しいと思うのは最初だけで、うれしいことにも悲しいことにもいずれ慣れてしまうという、誰でも知っていることを専門用語でいっているにすぎない。

限界効用が逓減するのはヒトの普遍的な性質なので、炭酸飲料以外にも(ほとんど)あらゆるものに当てはまる。もちろんお金も例外ではない。

月給10万円のひとが、「来月から1万円アップで11万円にしてやる」といわれたらものすごくうれしいだろう。それに対して月給100万円のひとが101万円になったとしても、そのことに気づきもしないにちがいない。

資産についても同じで、100万円の貯金が200万円になったら大事件だけど、1億円が1億100万円になったと聞いても「あっ、そう」としか思わないだろう。

図11

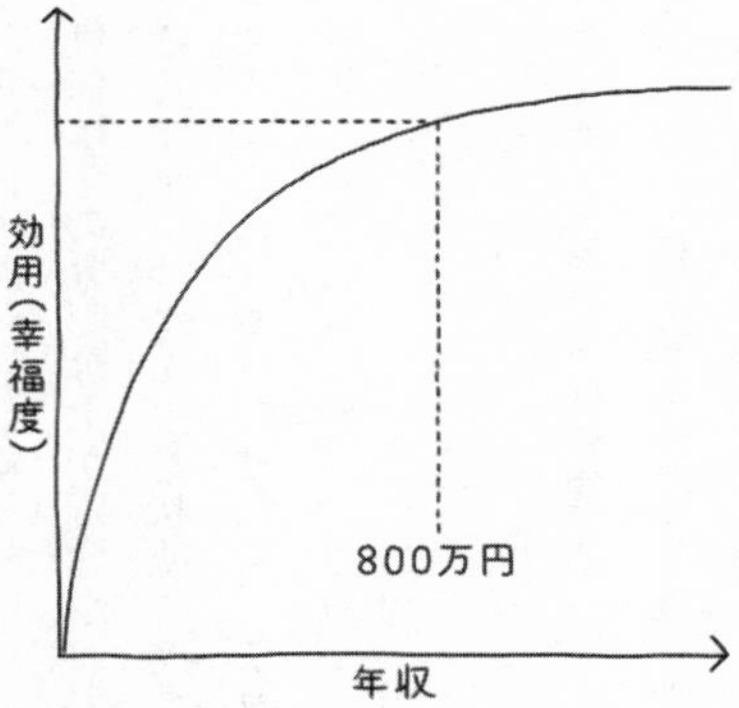

お金の限界効用は逓減する

それでは、収入の限界効用はどのように逓減するのだろうか。これはもちろん個人によってちがうのだけど、日本の大学の研究では、年収800万円を超えると幸福感はほとんど変化しなくなることがわかっている（図11）。これは1人あたりだから、夫婦で子どものいる家庭だと、年収1500万円くらいになる。

これも同じ大学の調査で、金融資産の場合、1億円を超えると幸福度は変わらなくなるらしい。これはおそらく、いまの日本では1億円が「安心」の基準になっているからだろう。

日本国の借金は1000兆円を超えて、「このままだと国家破産する」とか「日本円は紙くずになる」と警告するひとがたくさんいる。それでみんな不安になっているのだけど、手元に1億円のお金があれば、それを外貨に換えたりして、「国家破産や年金破綻でもなんとか生きていける」と安心できる。――通貨の価値は相対的なものだから、日本円がもし紙くずになったとすると、米ドルやユーロなどそれ以外の通貨の価値はその分だけ上がる。

金融資産がいったん平衡状態に達すると、あとはお金を増やすより減らさないことを考えるようになる。なぜなら、これ以上お金が増えても幸福度は高まらないが、お金が減ると不安になるから。これが、お年寄りが銀行預金やタンス預金をする理由だろう。

パラサイト・シングルは幸福か

年収800万円で効用（幸福度）が変わらなくなるのはなぜだろうか。

その理由は、独身でそれだけの収入があると、東京タワーの見える高層マンションに住む、ブランドもののバッグを買う、スポーツカーを乗り回す、海外旅行をする……など、友だちが「いいね！」といってくれることがひととおりできるからだろう。

とはいえ、働いていれば休みが自由にとれるわけではない。それ以上の収入があっても、使いきれない分が銀行口座に貯まっていくだけだ。こうして一定の収入を超えると、幸福度は平衡状態になる。

サラリーマンの平均年収は男でも５４５万円だから、年収８００万円というのはかなりハードルが高い。ところが日本では、もっと少ない収入で同じように優雅な生活をしているひとたちがいる。それが「パラサイト・シングル」で、独身で実家暮らしのことだ。

東京でちょっとおしゃれな家を借りようとすると、ワンルームでも月10万円はする。それに食費や光熱費も加えたら、あっというまに年２００万円は超えてしまうけど、パラサイト・シングルはこれをぜんぶタダにしたうえに、最近はスマホの通信料金まで家族割で親に出してもらうみたいだから、「収入はぜんぶ自分の好きに使える」うらやましい身分になる。アルバイトや非正規でも「けっこう幸せ」というのは、たいていはこのパターンだ。

ただし、「働きながらひとり暮らしで年収５００万円」と、「バイトしながら実家暮らしで年収２００万円」は、自由に使えるお金（可処分所得）は同じでも、幸福度までいっしょとはかぎらない。なぜなら、仕事の満足度が異なるから。

20代で年収500万円なら〝できるビジネスパーソン（最近では「ビジネスマン」ではなく、男も女も含めて「パーソン」を使う）〟で、まわりから「スゴいね！」とうらやましがられる。責任のある仕事も任され、やりがいもあって充実しているだろう。

一方、バイトで年収200万円は、時給1000円で1日10時間、1カ月20日ほど働けば達成できるが、その仕事ぶりをみて友だちが憧れるということはないだろう。趣味の時間は充実していても、労働はお金を稼ぐための「必要悪＝苦役」なのだ。

これは社会資本のところであらためて説明するけれど、ゆたかな社会では、たんにお金があればいいということにはならない。衣食住が足りてしまえば、次に求めるのは周囲からの評判だ。仕事の達成感も含めて、収入の効用が平衡状態になるのが年収800万円ということなのだろう。

ちなみに、若いときは華やかに見えたパラサイト・シングルだが、アルバイトや非正規の仕事をつづけながら結婚しないまま年をとっていくことが社会問題になってきた。キャリアのないパラサイト・シングルは、失業すれば親の収入や年金を頼りに暮らすしかなく（80歳の親が50歳の子どもの世話をする「8050問題」）、いずれ日本社会の巨大な貧困層を形成すると予想されている。

子どものいる4世帯に1世帯は年収1000万円

夫婦で子どものいる家庭では、（平均すれば）年収1500万円で幸福感が変わらなくなる。これも理由は同じで、子どもを私立学校に通わせ、バレエでもサッカーでも好きなことをさせ、夏休みと春休みには家族旅行に出かけ、月に1回は夫婦で外食をするというような、世間一般のひとたちが思い描いているような「幸福な家庭」を実現するにはじゅうぶんな金額だからだろう。それを超えてしまうと、子どもの習い事を増やしたり、家族旅行を軽井沢からハワイにしたり、外食をミシュラン星付きの高級レストランにしたりしても、「幸福感＝生活の満足度」を計ってみるとそれほど変わらないのだ。

サラリーマンの平均年収が男で545万円なのだから、年収800万円なら頑張ればなんとかなるかもしれないけど、年収1500万円のハードルはものすごく高い。実際、年収1000万円を超える高所得者は男でも5％程度しかいない。しかもこれはすべての年齢の平均で、一般的には年をとるほど収入は増えていくのだから、20代や30代だと100人に1人いるかいないか、ということになる。

だとしたら、幸福な家庭など夢のまた夢なのだろうか。じつは、そんなことはない。2021年の国民生活基礎調査では、18歳未満の子どものいる家庭にかぎれば、年収1000万円以上の世帯は24・8%と4世帯に1世帯だ。

これって、なにかおかしいと思わないだろうか。

子どもが18歳未満ということは、親は30代か、せいぜい40代だろう。サラリーマン男性の平均年収は30代半ばで533万円、40代半ばも630万円（2021年）だから、4世帯に1世帯が年収1000万円を超えているなんてことがあるわけがないのだ。

この謎の答えはもうわかるだろう。こうした高所得世帯の多くは共働きなのだ。

若くして年収1000万円のビジネスパーソンはほとんどいないとしても、共働き世帯で収入1000万円（夫が年収600万円で妻が400万円とか）はそれほど珍しくない。個人で不可能なことでも、世帯では可能になるのだ。

日本で女子中高生にアンケートをとると「将来の夢はお嫁さん」とこたえるらしく、「このままでは日本の未来はどうなるのか」と嘆く大人がいる。でもこうしたデータを見るかぎり、そんな心配をする必要はないとわかる。賢い男の子と賢い女の子は、いまでもちゃんとお互い助け合いながら共働きで子どもを育て、ゆたかな家庭を実現しているのだ。——こうしたカップルを「ＢＯＢＯＳ（ボボズ）」とか「ニューリッチ」というが、それについては最後に説明しよう。

貧しいとなぜ不幸なのか？

お金がないとなぜ不幸なのだろうか。

すくなくともいまの日本では、貧困が理由で餓死することはほとんどない。かつかつでも生きていけるなら、それでじゅうぶんではないだろうか。

これにはいろんな考え方があるけど、ぼくがいちばん説得力があると思うのは、「不幸とは気がかりである」という説だ。

なにかの魔法で、いきなりアフリカのサバンナに放り出されたとしよう。あちこち歩きまわっているうちに、ものすごくおなかがすいてきたけど、あたりには雑草と枯れかけた樹《き》しかない。呆然として視線をあげると、同じような草原がえんえんとつづいていているだけだ……。

そうなると君はもう、食べ物のことしか考えられなくなる。狩猟採集時代の人類は、何万年、何十万年もこうやって生きてきた。

おなかがすくと、頭のなかは食べ物のことでいっぱいになる。なぜこんな仕組みになっているかというと、そのままなにもしないと死んでしまうからだ。生き延びるためには、死に物狂いになって食べ物を探さなくてはならない。これは、頭のなかでがんがん非常ベルが鳴っているのと同じだ。

ここで運よく果物がたくさんなっている樹を見つけて、おなかいっぱい食べられたとしよう。これでようやく頭の中の非常ベルは鳴りやんで、ものすごく幸せな気分になる。

「気がかり」というのは、脳にとって「このままだと死んじゃうよ」という警報だ。そんなベルががんがん鳴っているのはとても苦しいから、なんとしても止めなくてはならない。ひとはこの状態を「不幸」と感じ、非常ベルが止まる（「気がかり」がなくなる）と、それを「幸福」と感じるのだ。

幸いなことにゆたかな社会では（ダイエット中のひとを除けば）空腹で苦しむことはなくなったけど、その代わりひとびとはさまざまな「気がかり」に悩まされるようになった。

おなかがすくというのは、食べ物が不足しているということだ。同様に貧しいということは、お金が不足していることだ。そしてぼくたちの脳は、どうやら食べ物の不足とお金の不足を区別できないようなのだ。だからお金が足りないと、おなかがすいてあたりに食べ物がないときと同じように、「このままだと死んじゃうよ」と頭のなかに非常ベルが鳴り響くことになる。

こうやってお金にとらわれてしまうことで、貧しいひとは不幸になるのだ。

お金が大事なのは、お金から自由になれるから

ぼくたちが生きている市場経済では、お金で食べ物やいろんなものを手に入れて生活していくことになる。だから、お金がないという状態はとても「気がかり」だ。

財布のなかにお金がぜんぜんないと、「今日の晩ご飯はどうしよう」と不安になるだろう。家賃が払えなかったら、「今月いっぱいで出て行ってくれ」といわれてしまう。消費者金融からお金を借りていれば、「いい加減に返済してください。このままだと裁判に訴えますよ」という電話がかかってくるかもしれない。

こうして、頭のなかはお金のことでいっぱいで、それ以外のことは考えられなくなる。仕事も手につかなくなって、職場でも失敗ばかりしてしまう。恋人や家族にもあたり散らして、いつもケンカばかりしている。これでは自分も苦しいし、まわりのひとたちも困り果てるにちがいない。

こうした状況から脱出するには、どうすればいいだろうか。

空腹によって鳴りはじめた非常ベルを止めるには、なにか食べるしかない。同じように、お金がなくて非常ベルが鳴っているなら、お金を手に入れるしかない。「清貧」とかの精神論はなんの意味もないのだ。

そしてこれが、貧しいひとを社会が支援する正当な理由になっている。

頭のなかでがんがん非常ベルが鳴っているひとに対して、「なんでこんなことになったの！」と説教したってまったく効果はない。冷静になってどうすればいいか考えるためには、まずは非常ベルを止めてあげないといけないのだ。——餓死しかけているひとに立派な健康法を説いても仕方ないのと同じだ。

この章の最初に、「お金が大事なのは、君をお金から自由にしてくれるからだ」と書いた。その意味がわかってもらえただろうか。

「投資」と「投機」のちがいを理解しよう

頑張って働いて、家計にも余裕ができてきたら、お金を株式などで運用することを考えはじめるだろう。このとき大事なのは、「投資」と「投機」のちがいを理解することだ。

「よい株を長く持つ」というのは、長期投資が原理的にプラスサムのゲームだからだ。これは株式投資が、株式市場（グローバル経済）の拡大とともに当たりくじの本数が増えていくようなゲームだからで、じゅうぶんな長期にわたって投資すれば、原理的には最後はすべての参加者が利益を手にすることになる。――これを正確に説明すると、「株式会社のバランスシートには、社債などの借り入れによってレバレッジ（てこ）がかかっていて、理論的には「会社の期待利益≒株価」は「経済成長率≒市場金利」を上回る」となるが、実際に投資をはじめるまではここまで理解する必要はないだろう。

大事なのは、株式の長期投資はプラスサムのゲームでも、今日買った株を明日売るような短期売買（トレーディング）にはこの効果ははたらかず、ゼロサムゲームになるということだ。ゼロサムは差し引きゼロの取引だから、誰かが得をすればその分、別の誰かが損をする。これが「投機」で、要するに「ギャンブル」だ。

インターネットなどで人気のある株式の信用取引やFX（外国為替証拠金取引）、ビットコインなどの仮想通貨取引は、すべてゼロサムゲームだ。これにみんなが夢中になるのは、「ギャンブルは面白い」ということにすぎない。

誤解のないようにいっておくと、ぼくはギャンブルが悪いとは思っていない。自分のお金でなにをしようとそのひとの自由だ。

問題なのは、自分がギャンブル（投機）をしているのに、それをギャンブルではなく「投資」だと錯覚しているひとがものすごく多いことだ。なんだって同じだろうが、自分がやっていることを理解できないようでは、うまくいくはずはない。

株式トレーディングやFXなど、投機には「サバイバル（生き残り）バイアス」があるので注意が必要だ。大損したひとが表に出てきて自慢することはないから、どうしたって成功者だけに注目が集まるようになる。

投機（ギャンブル）にはまるひとは、成功者しか見ていないから、自分でも成功できると錯覚してしまう。現実には、株のトレーディングで100億円稼いだ1人の成功者がいれば、その背後にはものすごくたくさんの「敗者」がいて、その損失を合計すれば100億円になる。損したひとはマーケットから消えていくから、見えないだけだ。

「ビットコインはテクノロジーが生んだ新しい通貨だから、価格は上がりつづけるに決まっている」ともいわれたが、結局バブルだったことが明らかになった。ビットコインに賭けて破産した人もたくさんいるだろう。

バブルは必ずはじける。大きなバブルが起きれば、その波に乗ってうまく成功するひともいるけれど、宴が終われば死屍累々だ。それが一攫千金を狙う投機の世界だということも覚えておこう。

テスラのイーロン・マスク、アマゾンのジェフ・ベゾス、フェイスブック（メタ）のマーク・ザッカーバーグ、グーグルを創業したラリー・ペイジ、セルゲイ・ブリンなど、現代の大富豪は人的資本を活用して起業に成功したひとたちだ。彼らを見てもわかるように、わずかな金融資本を増やそうと高いリスクを取るのではなく、人的資本から金融資本へという流れを上手につくっていくことが、知識社会で「お金持ち」になる最短距離なのだ。

宝くじは「愚か者に課せられた税金」

ここまでで「お金」について大切なことはだいたい説明したから、最後に、君がこれから社会に出てお金を増やそうと思ったとき、これだけは知っておいてほしい3つのことをざっと書いておこう。

①宝くじは買わない
②マイカーもマイホームもいらない
③ウマい話は君のところにはぜったい来ない

1枚300円で買えるジャンボ宝くじの最高当せん金額は1等と前後賞を合わせて10億円だ。わずかのお金で大きな夢が買えるのだから、こんな素晴らしいことはない——。そう考えるひとたちが、宝くじ売り場に行列をつくっている。

でもここでちょっと立ち止まって、当せん確率を計算してみよう。1ユニットが2000万枚で、1等7億円は1ユニットに1枚だから、首尾よく連番で買ったとしても、10億円が当たる確率は最大で2000万分の1だ。宝くじを毎回3万円分、0

歳から１００年間購入したとしても、99・999％の購入者は生涯当せんすることはない。それに対して、日本で1年間に交通事故で死亡するのはおおよそ3万人に１人だ。

宝くじで1等が当たる確率は交通事故死の約７００分の１。ということは、宝くじを20万円分買って、ようやく1年以内に交通事故で死ぬ確率と同じになる。宝くじ売り場に並んでいるひとが経済合理的であれば、自分はもうすぐ死ぬと思っているのだ。

一方、日本の宝くじの期待値（還元率）はおよそ50％で、これは宝くじ代金のうち、賞金として払い戻されるのが半分だけということだ。残りの半分は販売経費を差し引いたうえで地方自治体に分配される。

ラスベガスのルーレットの期待値は95％、カジノでもっとも人気のあるバカラの期待値は99％、競馬などの公営競技でも期待値は75％ある。期待値が50％を下回る宝くじやサッカーくじは、世界でもっとも割の悪いギャンブルだ。

宝くじは税金とよく似ているが、消費税や所得税などとちがって国民全員に課税されるわけではない。宝くじを通じて「税金」を納めているのは、確率を正しく計算できないひとだけだ。そのため経済学では、宝くじは「愚か者に課せられた税金」と呼ばれている。

お金持ちになるもっとも確実な方法は、経済合理的に行動することだ。なぜなら市場経済とは、経済合理的なひとのところに富が集中するシステムなのだから。そう考えれば、宝くじ売り場に並んでいるひとがお金持ちになれない理由がわかるだろう。

所有からシェアする時代へ

シェアエコノミーというのは、家とか車とか、いろんなものをどんどんシェアする経済のことだ。ウーバーなどのライドシェアは「4人乗りの車を1人で運転するのはもったいない」、エアビーアンドビーの民泊は「使ってない家や部屋があるなら、旅行者を安く泊めてあげればいいのに」という発想から始まった。その背景には、インターネットなどの急速なテクノロジーの進歩がある。

モノを所有する理由を考えてみると、それは「必要なときにすぐに使えるようにする」ためだ。ペンをみんなで共有していて、メモを書こうとするときに誰が何分間使うかをいちいち交渉しなければならないのなら、ものすごく効率が悪い。だったら、それぞれが自分のペンを所有すればいい。

でも、ペンがいつでもどこでも好きなときに借りられるとしたらどうだろう。誰もペンを所有したいと思わなくなるんじゃないだろうか。

高級ブランドや宝飾品、家具や家電までシェアエコノミーの分野はどんどん拡大していて、いまでは結婚式などパーティに出るとき、ドレスやスーツ、アクセサリーなどすべてレンタルするのも当たり前になった。レンタルやシェアが便利になれば、所有しなければならないものは減っていく。

マイホームと並んで、かつてはマイカーが日本人の憧れだった。でもいまは、東京などの都市部では若者はほとんど車を買わない。駐車場代がもったいないし、使うのは月にせいぜい1度か2度だからだ。以前はレンタカーの手続きが面倒だったけど、いまは近くの駐車場に置いてある車をカーシェアでかんたんに使えるようになった。

車の所有よりレンタルが好まれるようになったのは、TPOに合わせていろんな車に乗った方が便利だからでもある。

家族でキャンプに行くときは大型SUV、1人で湾岸道路を走りたいときはスポーツカー、近所にちょっと買い物に行くなら軽自動車など、最適な車はそのときどきで変わるけど、すべての車種を自宅にそろえておくのは不可能だ。その結果、ベンツでコンビニに行っておにぎりを買う、みたいなことになってしまう。

AIがどんどん賢くなることで、近い将来、車はすべて自動運転になるといわれている。スマホをいじるだけで、どこでも数分以内に自動運転のタクシーがやってくるようになれば、誰も車を所有しようなんて思わないだろう。

TPOに合わせてマイホームを借り換える

車をシェアするのが当たり前になると、「マイカー」という言葉は死語になる。だとしたら「マイホーム」はどうだろう。

いまの日本では、むかしのように、ひとつのところにずっと住むことはなくなってきた。

新卒でたまたま入った会社に40年も勤めつづけるひとは、どんどん少なくなっている。20代や30代ならいくらでも転職できるし、国内で移動するだけでなく、海外で働くこともこれから増えていくだろう。そのたびに家を買い換えるわけにはいかないから、会社の近くにアパートやマンションを借りる方がずっとかんたんだ。

結婚して子どもが生まれれば、子ども部屋のある広い家が必要になるだろう。都会では私立学校だけでなく、公立学校も（高校だと）自由に選べるから、第一志望に合格しても家からすごく遠かったりするかもしれない。そんなときも賃貸なら、子どもの学校の近くに引っ越せばいい。

子どもが独立すれば広い家はいらなくなる。年をとって田舎暮らしをしたいひともいれば、便利な都心に住みたいひともいるだろう。人生の最後を高齢者向けの賃貸住宅で過ごすこともふつうになった。

これは社会が流動化し、ひとびとの価値観が多様化してきたからだ。そんな新しい時代には、ＴＰＯに合わせて服を着替えるように、ライフステージに合わせていちばんぴったりの家に借り換えていくひとたちが増えてくるだろう。

これは、別荘ではすでに始まっている。ちょっと前までは「夢は別荘を持つこと」と語るひとがいたけど、いまではそんなことは誰もいわない。エアビーアンドビーで世界じゅうの観光地のいろんなタイプの別荘に泊まることができるのだから、箱根や軽井沢に別荘を所有して、そこにだけ通いつづけるなんてことをする意味はなくなったのだ。

マイホームなんていらないというと、「日本の不動産事情では、家族で住むような優良な賃貸物件はほとんどない」という反論がある。これはたしかにそのとおりなのだけど、人口がどんどん減っているのにタワーマンションなどを次々とつくったために、東京などの都心部でも分譲マンションの賃貸がかなり増えてきた。こうした傾向はこれからも変わらないだろうから、建築家に頼んでこだわりの家をつくるとかでなければ、「生涯賃貸」でぜんぜん問題ない時代になっていくはずだ。

こうしてぼくたちは、車も家もできるだけモノ（固定資産）は所有せず、富を流動資産で保有するようになっていく。不動産のような固定資産は、現金化するのに手間も時間もコストもかかる。それに対して貯金や株・債券のような流動資産は、必要なときに即座に現金化できるし、海外に送金したり、ビットコインなど仮想通貨に換えるのもかんたんだ。

株式というのは会社の所有権で、それを不動産に拡張して、オフィスビルやマンションの所有権を株式のかたちで取引できるようにしたのがＲＥＩＴ（不動産投資信託）だ。不動産を所有したいなら、マイホームではなくＲＥＩＴを買えばいいだろう。

住宅ローンは借金じゃないの？

日本は天変地異の多い国で、地震や台風、洪水や山崩れがしばしば起こる。その被害で住む家を失ったとしても、賃貸だったら、生命さえ無事なら別の家に引っ越せばいいだけだ。でももし多額の住宅ローンを組んで家を買って、住むところがなくなって借金だけが残ったらいったいどうなってしまうのだろうか。

投資の鉄則は「リスク分散」だ。住宅ローンでマイホームを買うと、不動産にリスクが極大化してしまう。

リスクが不動産に偏っていると、ひとを不寛容にする。自治体が保育園や児童相談所をつくろうとしたり、近所に外国人が住むようになると、「迷惑だ」といって反対運動をする住民が必ず出てくる。その理由を口ではいろいろいうものの、本音は「地価が下がって損をするのは困る」だ。なぜなら、借金までして資産を不動産（マイホーム）に一極集中させているから。

こうなると、資産価値を守るためならどんなことでもするようになって、善良なひとがグロテスクな排外主義者に変貌《へんぼう》する。マイホームを買って幸福になるつもりが、不動産にとらわれてしまっているのだ。

日本では大半のひとが、「私は借金しません」という。銀行にお金を預けても利息はつかず、クレジットカードや消費者金融から借金すると年利20%ちかい利息を取られるのだから、「借金しない」というのはたしかに経済合理的だ。

でもよく話を聞いてみると、そのひとたちの多くは住宅ローンで家を買っている。それで「借金してるじゃないですか」というと、みんなぽかんとした顔をして、そのあと「住宅ローンは借金じゃない」と反論する。

たしかに住宅ローンは金利が低いとか、不動産が担保になっているとか、消費者金融でお金を借りるのとはちがっているけど、だからといって借金である事実は変わらない。

目の前にライオンがいるのに、「ライオンはいない」といっていると、たいていの場合ロクなことにはならない。借金を「借金じゃない」と否定するのも同じことだ。もちろん自分のお金で何を買おうが自由だけど、マイホームの夢をかなえたいなら、キャッシュで買えるようになってからでじゅうぶんだ。

だったらなぜ、これほどまでみんなが不動産を所有したがるのか？　いちばんの理由は、農耕社会では土地を所有していないと生き延びられなかったからだろう。「土地を失うことは死ぬことだ」というルールで何千年もやっていると、「土地なんかなくてもなんの不都合もない」という新しい時代に適応できなくて、使い古しの神話にしがみついてしまうのだ。

そしてもうひとつの理由は、「借金すればするほど得になる」という奇怪な理屈を振りかざして、不動産を素人に売りつけることで商売するひとたちがいることだ。

不動産会社はボランティア団体なのか？

誠実そうな不動産営業マンが君のところにやってきた。彼の話によれば、1000万円のワンルームマンションを買うと年間100万円の賃料を受け取れる。投資利回りは10％で30年間は家賃が保証され、「頭金ゼロ」でも購入資金を銀行が貸してくれる。

ゼロ金利の世の中で、年10％の利回りは夢のような話だ。5000万円借金してこのマンションを5件買えば年500万円の賃料が入るから、それだけで働かなくても暮らしていける。

これを聞いて、「世の中にこんなウマい話があるのか！」と思ったなら、君の将来はかなり暗い。

経済合理的なひとは、ここで次のように考える。

ほんとうにそんな素晴らしい投資機会があるとしたら、不動産会社の社長はなぜそれを自分で独り占めしないのだろうか。銀行からどんどんお金を借りてワンルームマンションを買いまくれば、年10％の利益は保証されているのだから、たちまち大富豪になるだろう。

その答えは次の2つのどちらかだ。

ひとつは、不動産会社は金儲けの振りをしているが、じつはボランティア団体だというもの。彼らはひとびとの幸福のために、自らの利益を犠牲にしてワンルームマンションを売り歩いているのだ。だったらぼくたちは、この慈愛に溢れた人たちに感謝しなければならない。これは「性善説」だ。

もうひとつの解釈は、不動産営業マンが君に勧めるのは、自分ではぜったいに買いたくないクズ物件だからだ。不動産業界にいるプロの投資家たちが見向きもしないから、甘い言葉でド素人の君に売りつけようとしている。こちらは「性悪説」だ。

ぼくは、はじめてのひとに会ったときは、性善説で信用することにしている。実際にとてもいいひとで、何十年もつき合いがつづくということはいくらでもある。ウソをついていることがわかったり、話がぜんぜんちがっていれば、「そういうひとなのか」と思ってつき合うのをやめればいいだけだ。

でもこの性善説には、ひとつ例外がある。それが不動産や金融関係の営業マンだ。ほんとうに掘り出し物の物件なら、一人ひとり顧客を訪ねて営業なんてしないだろう。ネットでちょっと告知すれば、「買いたい！」というひとがいくらでも現われるのだから。それをわざわざ、「あなたのためです」なんていうのは、なにか裏があるに決まっている。——事情があって相場よりずっと安い価格で実家の不動産を売りに出した知人がいるけど、不動産業者はそれを懇意にしている顧客にだけ案内し、いちばんいい物件は自分で買った。

「ビルから飛び降りろ」「オマエの家族を皆殺しにしてやる」の銀行から多額のお金を借りてシェアハウスに投資したひとたちがいま、自己破産の瀬戸際に立たされている。被害者の多くは30～50代で、一流企業でそれなりの地位にある高収入のサラリーマンや医師が目立つという。でもこれは当たり前で、それなりの社会的な地位がなければ、銀行は大きなお金を貸してくれない。

このことは、「頭が悪いからだまされる」わけではないことを教えてくれる。だまされてヒドい目にあうのは、中途半端に頭のいいひとたちだ。自分に自信があると、「特別な自分には特別なチャンスが来て当たり前」と思ってしまうのだ。投資詐欺の世界では、こういうひとがいちばんのカモだとされている。

悪徳営業マンにだまされて全財産を失うようなことにならないためには、どうすればいいだろうか。その鉄則はとてもシンプルだ。

ウマい話は、君のところにはぜったいこない。ほんとうにウマい話なら、自分で投資するに決まっているから。

だから、ウマい話はすべて無視すればいいのだ。

合理的であることを憎んでいるひとたち

お金についてここまで書いてきたのは、誰が考えてもそうなるほかはないという意味で、「1+1=2」みたいな話ばかりだ。でも日本の社会には、こういう主張を嫌うひとがいっぱいいる。

このひとたちの特徴は、合理的であることを憎んでいることだ。「1+1=3」の世界の方が夢があるし、そんな世界であるべきだし、自分たちが住んでいるのはそんな世界にちがいないと信じているのだ。

こういう不合理なひとたちに「経済合理的にはこうなりますよ」とアドバイスすると、徹底的に拒絶される。自分たちの「美しい世界」が壊されると思うからだろう。

もちろん日本は自由な社会なのだから、なにをどう考えようとそのひとの勝手だ。でも残念なことに、「1＋1」は常に2であって、どうやったって3にはならない。それにもかかわらず「1＋1＝3」の不合理な世界にしがみついていると、最初は調子いいかもしれないけど、けっきょくはうまくいかなくなる。でもこのひとたちは自分のまちがいを認められなくて、「グローバル資本主義が悪い」とか「外国人を叩き出せ」とか叫びはじめるのだ。

不合理な行動が常に失敗するわけではない。宝くじを買うのは経済学的にはものすごく不合理な選択だけど、それでも1等前後賞合わせて10億円を当てるひとは必ずいる。するとこのたまたま運がいいだけのひとが、「宝くじを買ったことで私はこんなに幸福になった」と大声で自慢して、「そうだそうだ」という不合理なひとたちがまわりに集まってきて、みんなでわけのわからない方向に突進していく。これもそれぞれの人生だから別にいいのだけど、そんなバカ騒ぎ（バブル）に巻き込まれないように注意しておく必要はある。

それと、これはあまり教えたくないのだけど、不合理なひとがものすごくたくさんいる世界では、経済合理的に行動するだけで、けっこう楽に生きていける。これは、ゲームの鉄則を知らないプレイヤーのなかで、自分だけが鉄則を知っているのと同じことだ。

その意味で、日本というのは「とてもいい国」なのだ。

第5章 攻略編2

——仕事

社会に出たらどんな仕事をすればいいのだろう？　仕事の種類はものすごくたくさんあるから、どうやって選べばいいかわからないと戸惑うのも無理はない。

そこでここでは、働き方には大きく3つあるという話からはじめよう。それがクリエイター、スペシャリスト、バックオフィスだ。これはとても大事なことだけど、日本ではなぜか誰も教えてくれない。

会社に属すひとと属さないひと

クリエイターというのは、「クリエイティブ（創造的）」な仕事をするひとで、スペシャリストは「スペシャル（専門）」なものを持っている。それに対してバックオフィスは「事務系」の仕事だ。

それぞれの仕事をここではまず、働き方から見てみよう。クリエイター、スペシャリスト、バックオフィスのいちばんのちがいは、会社に属しているか、属していないか、だ。

クリエイターというとマンガ家やミュージシャンを思い浮かべるだろうけど、プロスポーツ選手やベンチャー起業家も含まれる。そうやって範囲をどんどん広げていくとなにがクリエイティブかわからなくなってしまいそうだが、日本でも世界でも彼らには際立った特徴がある。それは「会社員ではない」ことだ。サラリーマンをしながらライブハウスのステージに立つミュージシャンはいるかもしれないけど、音楽活動で会社から給料をもらっているわけではない。会社勤めのプロ野球選手はいないし、ベンチャー起業家（自分で会社を立ち上げるひと）が会社員というのはそもそも定義矛盾だ。

それに対してバックオフィスは、非正規やパート、アルバイトなど雇用形態にちがいはあっても、全員がどこかの組織に所属している。事務系の仕事というのは、その「事務」を発注して管理する会社がないと成り立たないのだ。

スペシャリストはこの中間で、組織に属さずに仕事をするひともいれば、どこかの組織に属しているひともいる。典型的なのは医師で、自分の病院を持てば「開業医」、どこかの大きな病院で働けば「勤務医」と呼ばれる。弁護士や会計士・税理士、プログラマーやコンサルタント、トレーダーなどにも、組織に属しているひとと属していないひとがいる（図12）。

組織に属していないクリエイターとスペシャリストは、「フリーエージェント」とか「インディペンデント・ワーカー」と呼ばれる。要するに自営業者のことだ。ここまでは世界共通だけど、スペシャリストとバックオフィスの扱いでは、日本と世界は大きく異なる。

いまでは欧米だけでなく中国なども含め、「外資系」の会社では、組織のなかでスペシャリストとバックオフィスがはっきり分かれている。投資銀行でいえば、スペシャリストは株式や債券を売買したり、顧客（機関投資家）に営業したりするひとで、バックオフィスはその取引を記帳するのが仕事だ。この2つはまったくちがう仕事なので、彼らは相手のことを「同僚」だなんてぜったい思わない。

それに対して日本では、バックオフィスの仕事は主に非正規という「身分」の労働者が行なっているが、正規の「身分」の労働者、すなわち正社員のなかにもバックオフィスの仕事をしているひとがいて、混然一体となっている。そのうえ正社員のなかで、誰がスペシャリストで誰がバックオフィスなのかもよくわからない。

ひとを「身分」で差別してはいけないというのは、近代市民社会のもっとも重要な約束事だ。ところが日本の会社は、社員を「正規」と「非正規」という身分に分けている。これは現代の身分制そのもので、いま日本社会の大きな問題になっている。

図 12

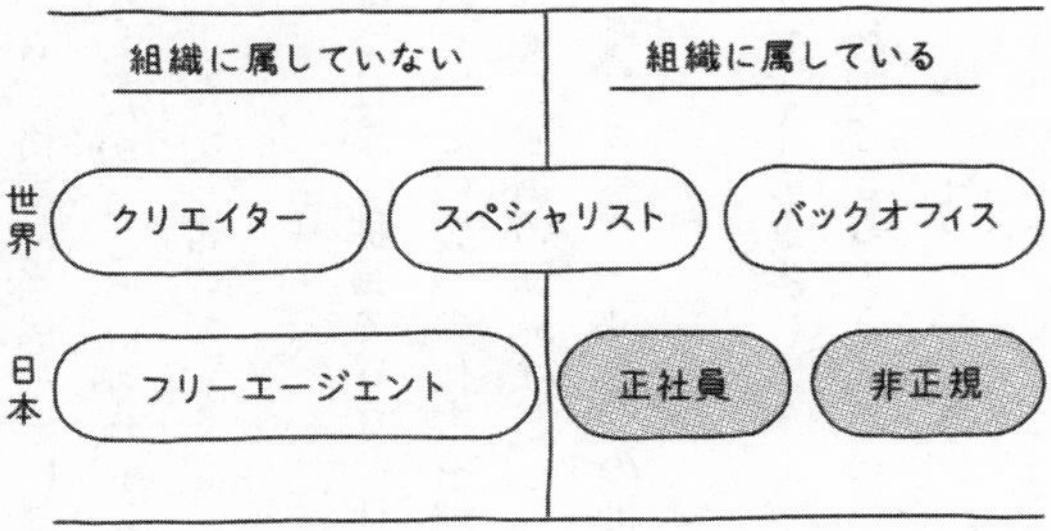

世界と日本では働き方がちがう

これを世界標準の働き方にそろえようというのが「働き方改革」だ。

「同一労働同一賃金」とは、正社員と非正規社員の身分差別をなくし、雇用形態にかかわらず同じ仕事なら同じ待遇にすることだ。こんなことは当然だから、「差別をなくそう」と思うならこうした改革に真っ先に賛成しなくてはならない。

ところが日本には、「正社員の身分をどんなことをしてでも守れ!」と主張するひとがものすごくたくさんいて、彼らが「リベラル」を自称している。日本の労働組合は正社員の既得権を守るための団体で、ついこのあいだまで「同一価値労働同一賃金」を唱えていた。正社員と非正規では同じ仕事をしていても労働の「価値」、すなわち人間としての価値がちがうのだから、格差は当然だというのだ。さすがに最近はこんなグロテスクなことはいわなくなったが、こういうひとはけっきょく差別を容認しているのだ。——これは大事なことだから書いておく。

拡張可能な仕事と拡張できない仕事

では次に、この3つの仕事を別の角度から見てみよう。

映画俳優と演劇の俳優はどちらも同じような仕事をしているけど、映画はクリエイター、演劇はスペシャリストの世界だ。これは、その仕事が「拡張」できるかどうかで決まる。

テクノロジーの進歩によって、あらゆるコンテンツがきわめて安価に（ほぼゼロコストで）複製できるようになった。

『スター・ウォーズ』のように大ヒットした映画は、映画館、テレビ、DVD、インターネット配信など、さまざまなメディア（媒体）によって世界じゅうに広がっていく。ネットの配信数には上限はないから、理論上は、地球上に住むすべてのひとがお金を払って映画を楽しむことができる。これは、富にも上限がないということだ。

映画と同様に、本（ハリー・ポッター）や音楽（ジャスティン・ビーバー）、ファッション（シャネル、グッチ）やプロスポーツ（ワールドカップ）、検索（グーグル）やSNS（フェイスブック）、プログラム（マイクロソフト）も拡張可能な世界だ。

それに対してバックオフィスは時給計算の仕事だから、収入は時給と労働時間で決まり拡張性はまったくない。時給1000円の仕事を8時間やれば8000円で、それ以上にもそれ以下にもならない。

このほかにも拡張性のない仕事はいろいろある。

演劇はたしかにクリエイティブな仕事だけど、その収入は劇場の規模、料金、公演回数によって決まる。大評判になれば連日満員だろうが、それ以上利益は増えないから、富を拡張するには広い劇場に移るか、公演回数を増やすしかない。

このように考えると、医師や弁護士、会計士などの仕事も拡張性がないことがわかる。

テレビドラマに出てくる天才外科医は1回の手術料がものすごく高いかもしれないが、手術件数には物理的な上限があるから、富が無限に拡張していくことはない。同様に、弁護士や会計士も扱える事件やクライアントの数には上限があるだろう。彼らはきわめて高い時給で働いているが、それでも拡張不可能な世界の住人なのだ。

クリエイティブな仕事をしていても、クリエイターは拡張可能で、スペシャリストは拡張不可能だ。このようにいうと誰もがクリエイターに憧れるだろうけど、成功するのはごく一部というきびしい世界で、タダ働き（ときには持ち出し）になることもある。それに対してスペシャリストは働けば必ず収入が得られるし、年収2000万円や3000万円になることも珍しくない。――ただしそれにともなって責任も大きくなっていく（医師は誤って患者を死なせてしまうと医療過誤で訴えられる）。

だからこれは、どちらがよくてどちらが悪いということではない。共通するのはクリエイティブな仕事をしていることだから、クリエイターとスペシャリストを合わせて「クリエイティブクラス」としよう。

それに対してバックオフィスは、仕事の手順がマニュアル化されているからクリエイティブなものはほとんどない（だから「マックジョブ」と呼ばれる）。そのうえ時給は、スペシャリストに比べて大幅に低い（図13）。

だったらバックオフィスの仕事にはなんの魅力もないのだろうか。そんなことはな

図13

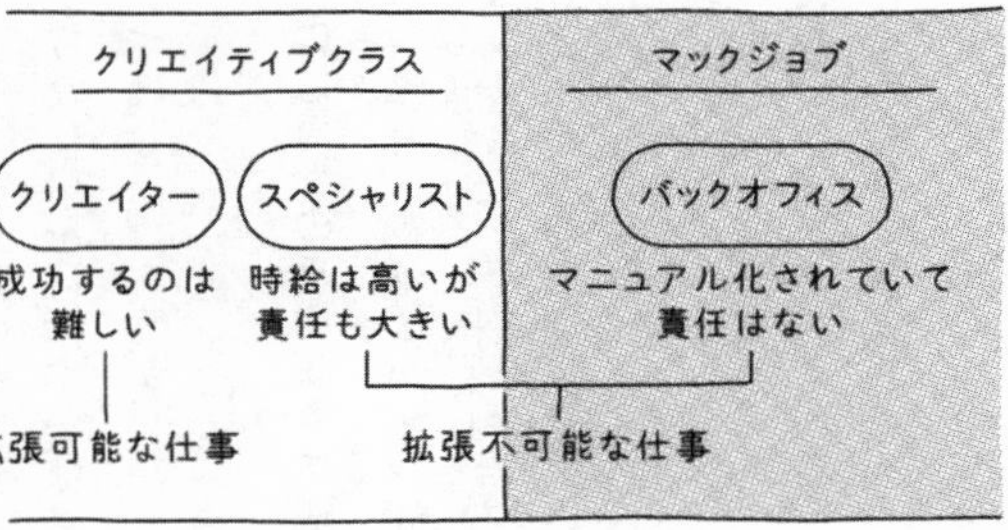

クリエイティブクラスとマックジョブ

い。そのいちばんの特徴は「責任がない」ことだ。マニュアルどおりにやるのが仕事なのだから、それによってなにかとんでもなくヒドいこと（原発が爆発するとか）が起きたとしても、責任をとるのはマニュアルをつくった会社（経営陣）でバックオフィスの労働者ではない。

世の中には、労働は生活のためのたんなる手段で、余った時間を趣味に使いたいというひとが（かなりたくさん）いるが、そんな彼ら／彼女たちにぴったりの仕事だ。

バックオフィスのもうひとつの特徴は、マニュアルどおりに仕事ができさえすれば、高齢者や障がい者でも、外国人でも、働き手は誰でもかまわないことだ。バックオフィスの会社は、社会から差別され排除されているひとに仕事を提供するというとても大事な役割を果たしている。

どのような仕事を目指すかは君の自由だけど、このように分類すると視界がかなり開けるのではないだろうか。

AI時代には男女の平均収入が逆転する

クリエイター、スペシャリスト、バックオフィスの仕事は一長一短あって「職業に貴賤《きせん》はない」けど、将来性はかなり異なる。それはAI（人工知能）をはじめとしてテクノロジーが急速に進歩していて、これからは人間だけでなく機械とも競争しなければならないからだ。

将棋や囲碁でプロを超えたことで、いずれすべての仕事はAIに取って代わられるのではないかといわれている。それに対して、たんにルールが決まったゲームに強いだけで、共感力（感情）はないし、臨機応変の対応ができるわけでもないのだから、ちょっと出来のいいコンピュータにすぎないという反論もある。

どちらが正しいかは未来になってみないとわからないけど、ひとつだけ確かなことがある。機械はマニュアル化された仕事がものすごく得意だということだ。コンピュータの言語はアルゴリズムで、これは作業手順をすべてマニュアル化したものだ。逆にいえば、うまくマニュアル化できない作業は機械にはできない。

18世紀までは糸を編んで布をつくる作業は人間にしかできなかったが、1779年にイギリスの発明家が紡績機をつくって機械化に成功した。それ以来、科学技術はさまざまな作業をマニュアル化してきて、もちろんAIもその延長線上にある。

AIとビッグデータによって、医師や弁護士のようなスペシャリストの仕事すらなくなるといわれている。でもそこで例に挙げられるのは、画像診断から病変を見つけるとか、膨大な裁判記録から関連する判例を探し出すとかの仕事だ。

難しい試験を通った優秀なひとたちを集めて、こんな作業で膨大なマンパワーを浪費するのはあまりにもったいない。面倒なことはすべてAIにやってもらって、専門家本来の仕事に専念してもらった方がずっといい。将来的にはロボット医師やロボット弁護士が登場するかもしれないが、それはまだずいぶん先のことで、当面は、AIのような新しいテクノロジーは（優秀な）スペシャリストの収入を大きく引き上げるだろう。

それに対して、バックオフィスの仕事の雲行きはかなりあやしい。いうまでもなく、それがマニュアル化された仕事の集まりだからだ。

その典型が銀行のバックオフィス部門で、ある口座から別の口座にお金を移したり、外国のお金に両替したりすることは、コンピュータがもっとも得意とすることだ。そのため、近い将来銀行の仕事の多くは機械に置き換えられて、銀行そのものもシリコンバレーのグローバル企業に吸収されるか、淘汰《とうた》されるのではないかといわれている。

アマゾン銀行やグーグル銀行が登場すれば、日本の銀行はみんな消えてしまうだろう。ブロックチェーンを利用して「1アマゾン」とか「1グーグル」という通貨が発行されるかもしれない。かつては大学生の人気就職ランキングで常連だった大手銀行が軒並み順位を大きく落としているのは、10年後には会社ごとなくなっているのではないかと思われているからだし、この不安には根拠がある。

ただし、時給で給与が払われる仕事のなかにもAIでは代替できないものがある。代表的なのは看護や介護などの仕事で、そこでは患者や顧客への共感力が重要になる。

IQは知能指数だが、EQ（Emotional IQ）は「こころの知能指数」だ。EQの高いひとは、他人の感情を理解し、自分の感情をコントロールする能力が高い。EQ

の定義には諸説あるけれど、すくなくとも共感力については、男性よりも女性の方が高いことがさまざまな研究で明らかになっている。本格的なＡＩ時代が到来しても、女性は機械を補助にしてずっとうまく適応できるのだ。

そしてこれは、たんなる未来予測ではなくなっている。

アメリカでは自動車工場などの仕事が外国に移転され、あるいは機械化されて、人間をあまり雇わなくなってきた。こうして多くのブルーカラーの労働者が職を失ったのだが、その大半は男だ。それに対して、「ピンクカラー」と呼ばれる共感力を必要とする女性の仕事はあまり影響を受けていない。

こうしてアメリカでは、男性と女性の平均収入が逆転してしまった。いまでは女性の方がたくさんお金を稼いでいるのだ。

これは、たんなる外国の話ではない。機械がバックオフィスの仕事を次々と代替していけば、日本でもいずれ同じことが起きるだろう。

「サラリーマン」は日本にしかいない絶滅危惧種

ＡＩの時代にはマニュアル化されたバックオフィスの仕事は機械に置き換えられて

いくが、日本ではその前に労働市場から確実に消えていくひとたちがいる。それが「サラリーマン」だ。

いまだに多くの日本人は理解していないけど、「サラリーマン」というのは和製英語で、外国ではまったく通じない。なぜなら、「サラリーマン」は世界のなかで日本にしか生息していない「絶滅危惧種」だからだ。

「お仕事は?」と訊かれると、ほとんどの日本人は(たとえば)「トヨタです」と会社名をこたえる。外国では、これはトヨタの工場で自動車の組み立てをやっているという意味になる。なぜなら、仕事と会社が一体化しているのはバックオフィスだけだから。それに対してスペシャリストは、自分の専門が職業だと思っている。

このことにぼくが気づいたのは、ずいぶん前に中国を旅行していたときだ。若いアメリカ人とレストランで同じテーブルになって、仕事の話になった(「どこに行ったの?」「どこに行くの?」がひととおり終わると、それ以外に共通の話題がないのだ)。「なにしているの?」と訊くと「会計士(Accountant)」だという。

ぼくのイメージだと、会計士というのは企業の会計監査などをやっているひとだから、そのつもりで話をしていると、なんかかみ合わない。それでよく聞いてみると、彼の仕事は地方の中小企業の経理だった。

日本でも、勤務医に「お仕事は？」と訊くと、「内科医です」とか「小児科医です」と専門をこたえる。「どこの病院ですか？」と重ねて訊いてはじめて、病院名を教えてくれるだろう。最初に病院名をいうと（「〇×病院で働いています」）、病院事務だと思われるのだ。

海外では、すべてのスペシャリストがこれと同じで、「自分はなにを専門にしているのか」を真っ先に伝える。新聞記者は「ジャーナリスト」だし、テレビ局で働いていれば（たとえば）「ドラマのプロデューサー」だ。でも日本で職業を訊くと、ほぼ100パーセント、「朝日新聞です」とか「NHKです」などのこたえが返ってくる。

このように日本では、専門と会社の順序が世界とはまったく逆になっている。それは、「どの会社に所属しているか」がものすごく重要だからだ。

「サラリーマン」は会社と一体化したスペシャリストだが、このような働き方は海外ではかなり前になくなっている。だから「サラリーマン」の意味がわからないし、どんな仕事をしているかも想像できない。日本人の働き方はグローバルスタンダード（世界標準）からかけ離れた、ものすごくヘンなことになっているのだ。

「サラリーマン」は世界でいちばん会社が嫌い

開業医と勤務医がいるように、スペシャリストである医師は、自営業者になるか組織に所属するかを自分で決めている。医師のなかには一般企業で社員の健康管理を任されるひともいて産業医と呼ばれている。

産業医は会社に所属しているが、人事異動で営業や経理に異動することはない。ここまでは当たり前だと思うだろうけど、海外ではすべてのスペシャリストが産業医と同じ働き方をしていることを理解できるだろうか。

欧米では、弁護士は自分で開業することも、弁護士事務所に入ることも、企業の法務部で働くこともできる。同じように会計士は、自分で開業することも、会計事務所に入ることも、企業の経理部で働くこともできる。そして、法務部から経理部へなど、会社内で他の専門職に異動することはぜったいにない。

会社の法務部で働いているからといって、全員が弁護士資格を持っているわけではないが、大学の法学部を出ているなど、なんらかの専門教育を受けていることが当然の前提になっている。そして、いまの仕事が面白くなかったり、上司や同僚とうまくいかなかったり、会社の業績が悪いから人員を減らしたいといわれたときに、「他部署に異動させてください」なんていわない。自分の専門を活かしてほかの会社の法務部に転職するか、(弁護士資格があれば)開業するか弁護士事務所で働く。いちど専門を決めたら、ほとんどの場合、それを変えることなく場所(会社)を移っていくのだ。

それに対して、サラリーマンの働き方はぜんぜんちがう。

まず、日本の会社は新卒採用のときに大学での専攻をほとんど気にしないので、文学部や教育学部出身者がごくふつうに法務や経理の仕事をしている。そしてこのひとたちは、自分をスペシャリストだと思っていないから、何年かするとまったくちがう部署に異動する。日本のサラリーマンは、いちど会社を決めたら、それを変えることなく、会社内で別の部署に移っていくのだ。日本人はこれを当たり前のことだと思っているけど、外国人が聞いたら腰を抜かすほどびっくりする。

世界のなかで日本にしかないこの独特の働き方は「日本型雇用」と呼ばれていて、その特徴は年功序列と終身雇用だ。そしてついこのあいだまで、右も左も「知識人」を自称するほぼすべてのひとたちが、日本の会社こそが日本人を幸福にしてきたとして働き方改革に頑強に反対し、「グローバリズムから日本型雇用を守れ」と大合唱していた。

　でも最近になって、このひとたちが黙るようになった。都合の悪い事実がどんどん明らかになってきたからだ。

　さまざまな国際調査で、日本のサラリーマンは世界でいちばん会社が嫌いで、自分の仕事にネガティブな感情を抱いていることがわかっている。さらに、1人当たりの労働者がどれくらい利益をあげたかを示す労働生産性で、日本人はアメリカ人の6割しか稼いでいない。

　この「不都合な事実」が示すのは、日本人は会社が大嫌いで、過労死するほど働いているけどぜんぜん成果があがっていないということだ。なぜこんなヒドいことになるのか、その理由は2つしか考えられない。

　ひとつは、日本人がバカだということ。そうでなければ、日本人の働き方がまちがっているのだ。

それってぜんぶつくり話です

「日本型雇用」というのは学校や軍隊でやっていたことをそのまま会社に移したもの

だから、工場のように、みんなで一斉にひとつのことに取り組むときはとてもうまくいく。それがあまりに成功しすぎたことで、これまでのやり方を変えることができなくなった。こうして日本の会社は、世界の働き方についていけなくなってしまった。あまりにも深刻すぎて誰もいわないのだけど、日本の会社のもっとも大きな問題は、スペシャリストの仕事を素人がやっていることだ。2〜3年で部署を変わっていたら、専門的な知識や経験など身につくはずがない。

ここで、外資系の大手製薬会社で広報の仕事をしている女性の体験を紹介しよう。

彼女は大学の文学部で国文学を専攻し、源氏物語で卒論を書き、健康食品の会社に就職して広報に配属された。仕事に慣れてようやく楽しくなった頃、営業部に異動になった。給与も待遇も悪くなくて悩んだが、これまでのキャリアをムダにしたくなくて、たまたま話のあった中小の食品会社の広報部に転職することにした。そこが外資系大手に買収されて英語で仕事をするようになり、海外への出張も増えた。そんなときに、大手製薬会社からヘッドハンティングされたのだ。

海外のイベントでは、参加者同士の懇親のためのパーティが開かれる。そこでの初対面の会話は、「あなたの大学の専門はなに？」だ。外資系の製薬会社でも広報関係では博士はさすがにいないが、薬学や化学の専門教育を受けていることは当然とされている。

彼女が「日本文学」とこたえると、相手はみんなびっくりする。でも、大学を卒業してからずっと健康・製薬関係の広報の仕事をしてきたことを伝えると、「ああ、そうなの」とすぐに納得するという。学歴や資格は海外で重視されるが、それよりもっと重要なのは実績なのだ。

パーティの場では業界の噂話や転職の相談、「ウチの会社に来ない?」というヘッドハンティングもよくあるという。そうやって彼女は世界じゅうに友だちができたのだが、みんなで盛り上がっているときに、パーティ会場の壁際にぽつんと立っているひとが必ずいるという。それが日本の「サラリーマン」だ。

「最初は気になって、〝いっしょにどうですか? いろんなひとを紹介しますよ〟って誘ったんだけど、いつも〝いいです〟って断られるから、最近は見なかったことにしてるの」と彼女はいった。たいていは50代くらいの男性だという。

「サラリーマン」がパーティの輪に入っていけないのは、共通の話題がなにもないからだ。「なにをしてたんですか?」と訊かれて、「ずっと総務部にいて、広報の仕事ははじめてです」などとこたえたら、その場にいる広報のプロたちはどうしていいかわからなくなって、「パーティ、楽しんでください」といってそそくさと退散するだろう。

だが、話はこれで終わりではない。

「その男性の会社の広報部長と、そのあと別の会合でいっしょになったの」と、彼女は話をつづけた。「そしたら彼は、あのパーティで参加企業の幹部や有名人と知り合いになって、ビジネスについてもいろんな話をしたって報告してたのよ。広報部長、それをすっかり信じ込んでた。悪いから、〝それってぜんぶつくり話です〟とは教えなかったけど」

下請けと企業の逆転現象

日本の会社はスペシャリストを養成するようになっていないから、専門的な知識や経験を持っているスタッフが社内にほとんどいない。当然のことながら、いまこれが大問題になっている。あらゆる分野で専門化が進んで、付け焼刃の勉強ではまったくついていけなくなって、なにをどうしていいかわからなくなってしまったのだ。

こうして、専門に特化した零細企業やフリーランスの個人が大企業のプロジェクトを仕切る逆転現象が起きるようになった。これも実例で説明しよう。

医療・健康関係の大手企業が顧客に配布する数十万部の雑誌をつくることになり、大手広告代理店がこのプロジェクトを落札した。雑誌づくりは広告制作会社が引き受け、知人のフリー編集者が手伝うことになった。

医療・健康分野はもっとも専門化が進んでいて、薬機法の制約もあって、ちゃんと根拠のあることを書かないと処罰の対象になってしまう。ところが広告代理店も、広告制作会社も、そんな知識を持っている人間は誰ひとりいなかった。広告代理店は体育会系の営業マン（営業ウーマン）の集まりで、「医療・健康チーム」などといっても、その分野のスペシャリストなどいないのだ。

フリー編集者の彼女はこれまでずっと健康関係の仕事をしてきたので、それぞれの分野にどんな医師がいるかとか、法律に違反しないためにどこを注意しなければならないかとか、ひととおりの知識を持っていて、英語の論文を検索することもできた。

そうなると、彼女はスタッフのあいだでいちばん末端の下請けにもかかわらず、クライアントとの会議のときに、質問にすべてこたえることになってしまったのだ。大手広告代理店の「エリート社員」たちは、その間、ただ黙ってうなずいているだけだ。

何度かそんなことがつづいたあと、彼女は広告代理店に文句をいった。といっても、面倒な交渉をしたわけではない。ただ、「この仕事、楽しくないからやめたい」といっただけだ。

すると、それまで彼女を顎《あご》で使うような態度をしていた広告代理店のエリートたちはいきなり慌て出して、「お願いだからそんなことといわないでください」と、てのひらを返したようにすりよってきた。こうして、仕事のやり方はすべて彼女のいうとおりになってしまった。

しかしもっと驚いたのは、クライアントである健康関係の大手企業だ。当然、そこにはたくさんのスペシャリストがいると思っていたのだが、雑誌づくりを担当する部門には、専門的な訓練を受けている社員は１人もいなかった。

そんなこととは思わないので、彼女は最初、すべての質問にていねいにこたえていたのだけど、あまりに初歩的なまちがいが多いので不思議に思って調べてみると、それはすべてインターネットのあやしげなサイトに載っている情報だった……。

こうして彼女は、「やりたくない」といっているうちにどんどん重要なことを任されるようになり、ギャラも上がっていった。いまでは広告代理店もクライアントも、彼女の機嫌を損ねないよう、腫《は》れ物に触るように扱っている。彼女が仕事から降りてしまえば、同じ専門知識を持つスタッフを新たに見つけるのはものすごく難しいとわかったからだ。

ぼくはこの経緯を本人から直接聞いたのだが、いちばん驚いたのは次のひとことだった。

彼女は、せっかくいっしょに仕事をするのだから、楽しくやりたいと思っていた。それで、広告代理店にもクライアントにも、「こんなやり方じゃあ、楽しくないじゃないですか」と繰り返し伝えたという。

「でもそのたびに、みんな、ぽかんとした顔をするんですよね」と、彼女はいった。「〝楽しく仕事をする〟っていう意味が、わからないみたいなんです」

伽藍とバザール

「日本のサラリーマンは世界でいちばん会社を憎んでいて、仕事に対して後ろ向きだ」というのは衝撃的なデータで、にわかには信じられないだろう。でもこれは、O

ECD（経済協力開発機構）のような国際的な団体も含め、10を超える調査でわかったことだ。先進国だけでも、新興国を入れても、世界平均でも、どんな調べ方をしても日本の順位は最低なのだ。

なぜこんなヒドいことになるのか、それを「伽藍《がらん》とバザール」で説明しよう。

伽藍というのは、お寺のお堂とか教会の聖堂のように、壁に囲まれた閉鎖的な場所だ。それに対してバザールは、誰でも自由に商品を売り買いできる開放的な空間をいう。そして、伽藍かバザールかによって同じひとでも行動の仕方が変わる。

バザールの特徴は、参入も退出も自由なことだ。商売に失敗して、「なんだ、あいつ口ばっかでぜんぜんダメじゃないか」といわれたら、さっさと店を畳んで別の場所で出直せばいい。

その代わり、バザールでは誰でも商売を始められるわけだから（参入障壁がない）、ライバルはものすごく多い。ふつうに商品を売っているだけでは、どんどんじり貧になるばかりだ。

これがゲームの基本ルールだとすると、どういう戦略がいちばん有効だろうか。それは、「失敗を恐れず、ライバルに差をつけるような大胆なことに挑戦して、一発当てる」だ。もちろん、運よく成功するより挑戦に失敗することの方がずっと多いだろう。でも、そんなことを気にする必要はない。バザールでは、悪評はいつでもリセットできるのだから。

これを言い換えると、バザールの必勝戦略は「よい評判（「あの店、美味しいよね」「あそこがいちばん安いよ」）をたくさん集めること」になる。だからこれを、「ポジティブゲーム」と呼ぼう。

それに対して伽藍の特徴は、参入が制限されていて、よほどのことがないと退出できないことだ。このような閉鎖空間だと、ちょっとした悪口（「あそこの店主、態度悪いよね」）が消えないままずっとつづくことになる。

その代わり、新しいライバルが現われることはないのだから、競争率はものすごく低い。どこにでもある商品をふつうに売っているだけで、とりあえずお客さんが来て商売が成り立つ。

これがゲームの基本ルールだとすると、どういう戦略が最適だろうか。それは、「失敗するようなリスクは取らず、目立つことはいっさいしない」だ。なぜなら、いちどついた悪い評判は二度と消えないのだから。

このように、伽藍の必勝戦略は「悪い評判（失敗）」をできるだけなくすことになる。こちらは「ネガティブゲーム」だ。

　ここで強調しておきたいのは、ポジティブになるかネガティブになるかは、そのひとの個性とはまったく関係ないということだ。ふだんはポジティブなひとでも、伽藍に放り込まれればネガティブゲームをするようになる。同様にいつもはネガティブなひとも、バザールではポジティブゲームをする。なぜならそれが、生き延びるための唯一の方法だから。

伽藍に閉じ込められたサラリーマン

　ここまで読んで気づいたかもしれないけど、伽藍の世界の典型は学校だ。１年生のときについた悪い評判は、よほどのことがないかぎり学年が変わってもついてまわる。

　いじめへの対処が難しいのは、生徒たちが伽藍のなかでネガティブゲームをしているからだ。転校や進学で友だち関係をリセットすると、不登校の子が学校に通い出したり、いじめられっ子に友だちができたりするのはこれが理由だ。

　困ったことに、世界のなかでとくに不安感が強い日本人は伽藍が大好きだ。なぜなら、そこでは競争がないし、イツメン（いつものメンバー）だけで集まっていて安心だから。不安感が強いというのは「刺激に対して敏感」なことで、伽藍は「刺激のない世界」なのだ。

このようにして日本社会では、いたるところに伽藍ができていく。そして日本人は、伽藍での振る舞い方（ネガティブゲーム）がとても上手だ。もちろん会社も、典型的な伽藍の世界だ。

日本の会社のいちばんの特徴は「終身雇用制」だ。これは、いちど入った会社で定年までずっと働くことで、こんな奇妙な慣習が残っているのは世界のなかでもはや日本だけだ。そのうえ、中学や高校が3年間なのに対し、入社から定年までの期間はものすごく長い。それでも終身雇用が大きな問題にならなかったのは、このゲームをやり抜くためのマニュアルが用意されていたからだ。

かつての定年は55歳で、20代で仕事を覚え、30代で課長になり、40代でばりばり働き、50歳になったらエラくなってちょっとのんびりして、そのあとは退職金と年金で悠々自適というのが典型的な「サラリーマン物語」だった。こんな働き方ができたのは、日本人の平均寿命が65歳だったからだ。

しかしこうした条件は、いまでは大きく変わってしまった。平均寿命は90歳に近づき、それにともなって定年も60歳、65歳へと延び、いまや70歳にしなければ年金制度がもたないと議論されている。かつての「サラリーマン物語」はかんぜんに崩壊して、いまでは「将来の幹部かどうかの選別は30代で終わっている」というのが常識だ。

定年が70歳になったとして、20歳で就職したら同じ会社に50年、半世紀もいることになる。最初の10年で出世できるかどうかが決まるとすると、そこで振り落とされたら、「君の居場所はないよ」といわれながら40年も会社にしがみつくしかない。これは、控えめにいっても「拷問」だ。

そんな伽藍の世界に閉じ込められたサラリーマンが、世界でいちばん会社を憎むようになるのは当然なのだ。

スペシャリストに定年はない

ガラパゴスみたいな雇用制度にしがみついていた結果、日本の会社はスペシャリストを育てられなくなってしまった。伽藍の世界に閉じ込められたサラリーマンは、なにひとつ「スペシャル」なもののないまま年をとっていく。

日本の会社ではスペシャリストとバックオフィスが混在しているが、自分がどちらなのか、リトマス試験紙のようにかんたんに見分ける方法がある。それは、定年後も同じ仕事をつづけられるかどうかだ。

スペシャリストは会社の看板を借りた自営業者みたいなものだから、会社を辞めても同じ専門のまま転職するか、フリーになって仕事をつづける。スペシャリストにとって定年は、長い仕事人生のなかのひとつのイベントに過ぎない。それに対してバックオフィスは会社に依存した働き方だから、定年で会社を離れた瞬間にキャリアがすべてリセットされてしまう。

欧米で定年が大きな問題にならないのは、多くのひとがスペシャリストとして働いているからだろう。それに対して日本では、「定年後」をどうするかで大騒ぎしている。これはサラリーマンの本質がバックオフィス、すなわちクリエイティブなものがなにもないマックジョブだからだ。会社にしがみついて生きてきた結果、定年が人生を変えるような大事件になってしまったのだ。――これがいま、日本の社会で起きていることだ。

でもこれは、若い君にとってぜんぜん絶望するようなことではない。スペシャリストがほとんどいない日本で、なにか「スペシャル」なものを持っていると、それだけで人生がものすごく楽になる。そのために必要なのは、伽藍の世界を捨ててバザールに向かうことだ。

伽藍だらけの日本では、そこらじゅうにネガティブゲームに習熟したひとがいる。だから、彼らと同じゲームで競争するのは最悪の戦略だ。

伽藍の世界しか知らないひとたちは、ポジティブゲームがまったくできない。だとすれば、たいして競争相手のいないバザールで勝負した方がはるかに勝率は高くなる。ポジティブゲームの必勝戦略は、「できるだけたくさんのよい評判を集めること」だった。それがよくわかるのは、シリコンバレーの働き方だ。

グーグルやアップル、フェイスブック（メタ）などのグローバル企業が集まるシリコンバレーはサンフランシスコの南にあり、スタンフォード大学の卒業生を中心に、たくさんのベンチャー企業を生み出してきた。いまも世界じゅうから野心的な若者たちが、「世界を変える」イノベーションを実現しようと頑張っている。

彼らはみなクリエイターで、1日8時間労働とか、残業は月60時間とか、そんなバックオフィスの仕事のためのルールにはしばられない。参入は自由でライバルは無数にいるのだから、寝る時間も惜しんで働いて、すこしでも差をつけないとたちまち競争から脱落してしまう。

その代わり、失敗はまったく悪い評判にならない。それればかりか、大失敗をすると投資家から高く評価されて、より大きなチャンスがめぐってきたりする。なぜなら、能力のない人間に大きな失敗などできないから。

このようなバザール世界では、すこしでも成功のチャンスがあれば、失敗を恐れずに突き進むのが最適戦略だ。ちょっとでも躊躇していたら、その場所はあっというまにライバルに取られてしまう。グーグルもフェイスブックも、こうやって大きくなってきた。

このように考えると、かつては「世界一」とうぬぼれていた日本の大企業がシリコンバレーのベンチャー企業にまったく歯が立たなくなった理由がわかるだろう。伽藍の世界のネガティブゲームしか知らないサラリーマンに、バザールのポジティブゲームをいきなりやらせようとしても、そんなのムリに決まっているのだ。

年収300万円と年収数千万円

GAFAはグーグル、アップル、フェイスブック、アマゾンの頭文字で、「プラットフォーマー」と呼ばれるシリコンバレー発のグローバル企業だ。それに対してNTTは、長いあいだ日本の通信事業を独占してきた大企業だ。

これまでの大学生の就活では、NTTのような日本企業が人気ランキングの常連で、GAFAのような「外資系」を目指す学生は多くなかった。日本人は「ジモティ」志向が強いので、「外資系だとすぐにクビになるんでしょ」とか、「仕事がキツそう」とか、「そもそも英語が話せない」とかの理由で敬遠してきたのだ。

でもここにきて、こうした状況が大きく変わりつつある。NTTグループの研究開発部門の人材の3割が、35歳までにGAFAなどに引き抜かれているというのだ。

このことを報じた新聞記事によると、NTTの研究開発職の初任給は大卒が月21万5060円、修士課程修了で23万7870円だが、これでは優秀な人材の流出を引き留められないとして、賃金制度を改革しようとしている。これ自体は素晴らしいことだけど、同じ記事では、人材獲得競争は世界的にはげしくなってきて、海外IT企業は新卒でも優秀なら年収数千万円で採用しているという……。

さて、ここで質問。君がとても優秀なら、新卒で年収300万円の日本の「大企業」から「これからはウチも給料を上乗せするから」と誘われるのと、GAFAから「年収3000万円でどう？　ほかがもっと高い金額でオファーしてるなら、それより出すから教えて」といわれるのと、どっちが魅力的だろうか？

これは転職についても同じで、優秀なエンジニアなどが35歳までにどんどんヘッドハンティングされていくとすると、そのまま日本の会社に残っている7割がどういうひとたちかは誰だって気づくだろう。驚くべきことに日本の「大企業」は、これでGAFAと対等に競争できると真面目に考えているのだ。

日本の会社がどれほど勘違いしているのか、よくわかるエピソードをもうひとつ紹介しよう。

ITバブルに沸いた2000年頃の話だけど、海外の大学でMBAを取得し、日本の大手電機メーカーで働いている若者と話をしたことがある。彼はそのとき、社内でベンチャーをやっているのだと自己紹介した。

ぼくはその意味が理解できなくて、思わず訊き返した。起業家（ベンチャー）とは、独立して自分の事業を興すひとのことのはずだ。

すると彼は、「シリコンバレーではそうですが、日本はちがうんですよ」と、説明してくれた。日本の場合は、会社を辞めるリスクを取るのではなく、サラリーマンのまま社内で「ベンチャー」を興した方がずっとうまくいくのだという。

正直、ぼくは「そんなわけないでしょ」と思ったけれど、若者が熱心に自分の夢を語るので、黙って話を聞いていた。そのあと、彼の夢はあとかたもなく消えてしまった。彼が勤めていた大手電機メーカーが経営危機に陥り、別の日本企業に吸収されたあと解体され、一部は中国の会社に買収されてしまったのだ。

会社はプロのスポーツチーム

最近は日本でもネットフリックスを利用しているひとが増えてきたようだ。既存の映画だけでなくオリジナル作品も積極的に配信し、アメリカだけでなく世界190カ国以上で事業展開している。そのネットフリックスが2009年、自分たちの人事方針を説明した「カルチャーデック」という社内文書を一般公開すると、「革新的」なシリコンバレーですら大騒ぎになった。そこには、これまでの常識とはぜんぜんちがうことが書かれていたからだ。

たとえば、有給休暇の制度は廃止する。これは有休が取れないということではなく、上司（マネージャー）が合意すればどれだけ（無制限に）有休を取ってもいいということだ。同様に、経費精算の規則も廃止された。どちらも人事の専門家からは「そんなことしたら大変なことになる」と警告されたが、社員はこれまでどおり常識的な有休の使い方（夏とクリスマスシーズンの1～2週間の休暇と、子どものサッカーの試合観戦など）をし、経費を悪用したりもしなかった。これは、社員を「大人」として扱うということだ。

あるいは、すべてのポストに優秀な人材を採用し、業界最高水準の報酬を支払うこと。ネットフリックスでは、必要な人材を年収数千万円とか、あるいは1億円以上でヘッドハンティングしているのだ。

ここまでなら、「そんな会社もあるのか」で終わるだろう。でもほんとうに驚くのは、優秀な人材を採用するために、これまで会社に貢献してきたそこそこ優秀な社員（でも期待には満たない）には解雇手当をはずんで辞めてもらうという方針だ。とはいえ考えてみればこれは当たり前で、ポストに空きがなければ、新しい人材に来てもらうことはできない。

ネットフリックスがこうした大胆な人事戦略を採るのは、ビジネス環境がものすごい勢いで変化しているからだ。映画などのDVDの宅配からスタートしたネットフリックスは、オンラインでの映像配信へと事業を大きく変え、オリジナル作品を積極的につくるようになった。わずか数年でこれほどの変革を達成するためには、従来のやり方にこだわっていたり、新しい技術や知識に適応できないひとには、どれほど功績があっても辞めてもらわなければならないのだ。

ほとんどの日本人は、これを「冷たい」と思うだろう。それは無意識のうちに、会社を共同体（家族）のようなものだと思っているからだ（だから、「家族的経営」を自慢する経営者がたくさんいる）。でもネットフリックスは、会社をプロスポーツのチームのように考えている。

クラブワールドカップの常連であるレアル・マドリードのようなサッカーチームをつくろうと思ったら、キーパーからフォワードまで、世界じゅうのサッカー選手のなかから最高のプレイヤーを集めなくてはならない。フィールドに出るのは11人で、リザーブまで入れてもせいぜい20人だから、監督の構想から外れた選手はほかのチームに移ってもらうしかないのだ。

このように考えると、ネットフリックスの人事方針はぜんぜん驚くようなことではなく、サッカーでも野球でもバスケットボールでも、プロのスポーツチームがごくふつうにやっていることだ。

それに対して日本の会社は、ビジネス環境がどれほど変化しても、たまたま新卒で採用した社員だけでなんとかやりくりしようとする。これは、フォワードがいなくなったら「陸上部のあいつ、ちょっと足が速いからどう?」とか、「ゴールキーパー、身体がデカいからあいつにやらせればいいんじゃないの」とかいっているのと同じだ。そんな素人チームが、メッシやクリスティアーノ・ロナウドがいる世界的なクラブと互角の勝負ができると思っている。ぼくはこれを「妄想」だと思うけど、その結果はあと10年もすれば誰の目にも明らかになるだろう。

大学をドロップアウトするともらえる奨学金

シリコンバレーでもっとも有名なベンチャー投資家がピーター・ティールだ。トランプ大統領を支持したりいろいろ話題の多いひとだけど、電気自動車のテスラを率いるイーロン・マスクといっしょに手掛けた事業で大富豪になり、フェイスブック創業期にその可能性に気づいて投資したことで伝説をつくった。

そんなティールが始めた奨学金プログラムが「20 under 20」だ。でもこれは、大学などの学費を支援するものではない。大学に行かないことに対してお金が払われるのだ。このプログラムでは、起業しようとしている20歳未満の学生20人に10万ドル（約1400万円）の資金が与えられるが、その条件は大学からドロップアウトすることなのだ。

2010年に始められたこの奨学金制度は、「普通の人間が現在可能だと考えていることの2年から10年くらい先を考えている」というのが選考基準で、初年度は世界じゅうから400人の応募者が集まり7人が選ばれた。

ティールがなぜこんな奇妙な奨学金を思いついたかというと、起業に成功するのにもっとも重要なのは「若さ」だからだ。

アップルのスティーブ・ジョブズが最初に友人とコンピュータを設計したのは20歳、ビル・ゲイツがマイクロソフトを設立したのも20歳、マーク・ザッカーバーグがフェイスブックの前身になるSNSを始めたのもハーバード大学在学中だ。

シリコンバレーの起業家は20代がもっとも多く、30代になると減って、40代の起業家というのはほとんどいない。これは起業が、スポーツや数学・物理みたいなものだからだとティールは考えた。

スポーツ選手がいちばん活躍できるのは20代で、50代でも現役のカズ（三浦知良）のような例外もあるけれど、年齢とともに第一線から退いていく。アインシュタインが特殊相対性理論など、物理学の常識を書き換える3本の重要な論文を発表した「奇跡の年」は1905年で、26歳だった。数学の世界でも、「画期的な研究ができるのはせいぜい30代前半まで」というのが常識だ。

ひとは年齢によって身体的な能力が変わるし、脳も確実に変化する。ICT（情報通信技術）のような知識産業でも、起業には年齢的な限界があるのではないだろうか。だとしたら、「ほんとうに賢い若者にとって、大学に行くのは時間のムダだ」とティールはいう。大学を卒業したら22歳、大学院で博士号まで取得したら30歳ちかくなってしまう。なぜいちばん成功できる年代を、こんなことに使わなくてはならないのか。こうして、「大学に行かないとお金がもらえる」奨学金が生まれたのだ。

ティール奨学金の合格者は、大学を辞めてシリコンバレーに引っ越し、「世界を変える」アイデアで起業を目指す。10万ドルではたいしたことはできないけど、その代わりシリコンバレーのさまざまな成功者が助言・協力してくれて、斬新なアイデアにはティール自身が投資する。

もちろんその結果はさまざまで、事業を立ち上げられなかったり、やってはみたもののうまくいかなかったりして、大学に戻る者もいる。それでもティール奨学生の何人かはすでに成功を手にしている。――ブロックチェーンを使った決済システム「イーサリアム」の創設者であるヴィタリック・ブテリンもティール奨学生だ。

シリコンバレーでは、起業しなくても億万長者になる方法はいくらでもある。自動運転の開発を任せられるエンジニアが足りなくて、年棒100万ドル（約1億4000万円）ではまったく集まらず、大手各社は数億円の報酬を提示して引き抜き合戦を行なっているとも報じられた。

スポーツ選手のキャリアの頂点が20代であるように、知識社会では、賢い若者は自分の人的資本を活用してさっさと億万長者になっていくのだ。

「ぬるい日本」で億万長者になる

東京大学のある文京区本郷の周辺にはベンチャー企業がたくさん集まっていて、いまでは「本郷バレー」と呼ばれている。そこで起業を目指す若者に「なぜシリコンバレーに行かないのか」訊いてみたことがあるが、その答えは「コスパが悪い」だった。グーグルやフェイスブックに匹敵する成功なら何兆円という莫大な富と世界的な名声が手に入るだろうが、人生を楽しく暮らすのにそんな大金は必要ない。

ティール奨学生のなかからすでに何人かの成功者が出ていることを考えれば、その確率はものすごく高い。しかし一期生7人を選抜したときの応募者は400人で、彼らの多くは地元では「神童」と呼ばれるような天才だ。ちなみにアメリカでは、「神から特別な才能を与えられた」という意味で彼らを「ギフテッド」と呼ぶ。

そんなギフテッドですら、シリコンバレーで成功できるのは何千人に1人で、確率的には0・1％以下だ。それに対して日本なら、ゲームやアプリを開発したり、シリコンバレーのイノベーションを日本風にカスタマイズして大手企業に売却するだけで数億円になるのだという。

日本は「失われた30年」を経ても世界第3位の経済大国だし、日本語という「非関税障壁」に守られて外国企業の参入は難しい。だったら世界じゅうの天才が集まるシリコンバレーではなく、「ぬるい日本」で億万長者になった方がいいと、本郷バレーの若者たちは考えているのだ。

これは外国人も同じで、日本で起業して成功した中国の若者のインタビューを読んだら、「シリコンバレーなら自分はぜったいつぶされていた。日本を選んだからこそ成功できた」とこたえていた。考えることはみんないっしょなのだ。

日本にも賢い若者はたくさんいるだろうが、それでも競争率が低いのは、そうしたライバルの大半が会社（役所）という伽藍の世界（タコツボ）に閉じ込められて、必死になってネガティブゲームをやっているからだ。こうしてライバルが勝手に消えていくから、上手にポジティブゲームをプレイできるとものすごく有利になる。銀座の高級レストランや六本木のクラブに行けば、若くして成功したそんな若者たちを見ることができるだろう。

東京だと国立大学はもちろん、私立の上位校でも「先輩の友だちが起業して億万長者になった」なんて話はいくらでもある。そうした「ミニ起業家」を支援するベンチャー投資家もいて、どうやったら会社を高く売却できるか指南してくれる。こうして成功した若い起業家がベンチャー投資家に転身するというシリコンバレー型の生態系も生まれつつあるようだ。

もっともこうした発想は、東京の優秀な大学生だけのようだ。関西の大学関係者と話をすると、「こっちにはベンチャーの成功モデルがないから、あいかわらず学生は国家公務員か大企業を目指してます」といっていたから。

2人でつくった会社を1年で数億円で売却

「ぬるい日本」で、実際、どのようにお金持ちになっていくのだろうか。これはぼくのよく知っている若者のケースだけど、クラウドの技術を使って中小企業の会計を支援するシステムを思いついて、友だちと2人で会社をつくった。

VC（ベンチャー・キャピタル）は、起業したばかりの会社に投資して、成長したら株式を上場したり、大企業に売却したりして収益をあげる投資会社だ。日本にもそうしたVCがいくつもあるので、彼らは、「こんなベンチャーを始めました」という案内を片っ端からメールで送った。そしたらすぐに、「話を聞かせてください」という連絡が来たので、自分たちの事業プランを担当者に説明した。

するとここから、不思議なことが起きた。2社目のVCが来たときに、すでに別のVCと話をしているというと、担当者の顔色が変わって、「出資を検討させていただきます」というのだ。３社目のＶＣが来たとき、「2社のＶＣから提案をもらっています」と話すと、さらに顔色が変わってもっと真剣になった。こうして何社かのＶＣと接触するうちに、最初は１００万円単位だった出資額はあっというまに１０００万円単位になった。

でもびっくりするのはここからで、彼らは会計ソフトの会社に「共同でビジネスしませんか」と営業に行っていた。その席で、ＶＣからの出資が決まりそうだと話すと、会計ソフト会社の役員から、「その話、ちょっと待ってもらえませんか」といわれた。いったいなんだろうと思っていると、次に会ったときに「あなたの会社の株をすべて買います」といわれ、数億円の金額を提示されたのだ。こうして彼は、会社をつくってわずか1年で一部上場の大手企業に株式を売却して、いまはそこで社長をしている。

なんでこんなことになるのだろうか。彼の話を聞いて思ったのは、日本の大きな会社はもはやリスクを取ったイノベーションができなくなっているということだ。社内にいるのが「とにかく失敗したくない」というネガティブゲームに習熟した人材ばかりなら、経営陣がどれほど発破をかけても斬新なアイデアなど出るわけがない。下手なことをやって失敗したら、定年までずっとそのことをいわれつづけるのだから。

こんな日本の会社が新しいビジネスに乗り出そうとすると、できることはひとつしかない。見込みのありそうなベンチャーを片っ端から買収するのだ。でもVCだってこのことには気づいていて、出資したベンチャー企業を高値で売却して儲けようと思っている。すべてのライバルが同じことを考えているのだから、ひとつのベンチャー企業にみんなが殺到して、オークションと同じ理屈で価格（出資額）が競り上がっていくのだ。

好きなことに集中すればライバルの8割に勝てる

君のスピリチュアルが教えてくれる「好きなこと」は、友だちのなかで目立てる「得意なこと」でもある。だから、「好きなことを仕事にしよう」という法則は理にかなっている。

でもここで、「好きなことで頑張っても、どうせ夢はかなわないんでしょ」という反論があるかもしれない。これはある意味では残酷な事実で、どんなに野球が好きでも、ほとんどの野球少年は大谷翔平にはなれない。超一流になるためには、圧倒的な努力に加えて、圧倒的な才能が必要なのだ。

でもここで絶望する必要はない。〝好き〟を仕事にしてそれなりに楽しく生きていくには、なにも超一流になる必要はないからだ。どんな分野でもそうだろうけど、夢中になってやったことは、それだけで8割のライバルに勝てる。問題は、それをマネタイズできる（お金に換えられる）かどうかだ。

高校野球で甲子園に出たことがあれば、会社の野球チームではライバルを圧倒できるだろうけど、プロになってそれなりの成績を残せなければ収入を得ることはできない。これは野球が「超一流しか評価されないゲーム」だからで、プロスポーツはもちろん、芸術家やミュージシャン、ユーチューバーから起業家まで、ごく一部の成功者と、膨大な敗者に分かれている（敗者がたくさんいるからこそ、成功者が輝くのだ）。

でも世の中には、みんなから「君ってけっこうスゴいね」とほめられるくらいでやっていける分野もたくさんある。その多くはスペシャリストの仕事で、医者にしても弁護士や税理士・会計士にしても、対応できる顧客の数には上限があるから、マーケットが拡大すれば（あるいは治療法やビジネスのやり方が複雑化すれば）、それに応じて必要なスペシャリストの数も増えていく。

こうした分野では、超一流でなくても、一流なら大きな収入を得られるし、たとえ二流の上でも、顧客の話をちゃんと聞いて最適な専門家を紹介してあげるだけで感謝されるだろう。〝好き〟をマネタイズしやすい仕事ならライバルの8割に勝てればいいし、それはじゅうぶん可能なのだ。なぜなら、ほとんどのひとは〝好き〟を仕事にできていないから。

これは、いたずらに夢を追うのではなく、好きなこと／得意なことを活かせる場所を探すという現実的な戦略だ。でも君は、これでは満足できないかもしれない。「夢をあきらめなければならないのなら、生きている意味はどこにあるのか」と問うのは、けっして間違ってはいない。というより、そう考えるひとたちによって人類は進歩してきたのだ。

ユーチューバーとプラットフォーマー

「好き」を仕事にしてスペシャリストを目指すことは書いたから、次はクリエイターになる方法を考えてみよう。

GAFAのようなグローバル企業は「プラットフォーマー」と呼ばれている。プラットフォームは「土台」のことで、みんながビジネスする市場を独占することでものすごい利益をあげている。シリコンバレーでは世界じゅうから天才たちをかき集めて、夢を目指して馬車馬のように働かせることで新しいプラットフォームを生み出している。日本だけでなく世界を見回しても、こんなことができるところはほかにない。

プラットフォームをつくろうとする日本の会社は、GAFA（あるいはそれに匹敵する未来企業）の前に敗れ去っていく運命にある。残された道はプラットフォーマーの下請けとして生き残ることで、実際、日本の大企業の多くはすでにそうなっている。

でもこれは、かつては一部の特権階級しか使えなかったプラットフォームがすべてのひとに開放されたということだ。

テレビCMを流そうとすると何千万円もかかるけど、グーグルのサービスを使えば数万円から世界じゅうに広告を打てる。CDを出せるのは限られたミュージシャンだけだったが、動画配信サイトならアマチュアでも自分の歌を世界じゅうのファンに聴いてもらえる。

アマゾンはインターネット書店から出発して、いまでは世界最大の流通プラットフォーマーになった。インターネットが登場するまでは、オリジナル商品を開発しても、それを流通に乗せるには問屋に日参してお願いするなど、とんでもない苦労をしなければならなかった。それがいまでは、アマゾンの倉庫に商品を預け、ブログやツイッターで商品説明をし、グーグルで宣伝すればいい。ネットの世界はどんどんバザール化しているのだ。

そんな新しい時代の象徴がユーチューバーだろう。芸能人としてテレビに出るには、プロダクションに入って、オーディションを受けて、プロデューサーや先輩に気に入られるなど、たくさんのハードルをクリアしなければならなかった。でも自分で動画を撮影してユーチューブにアップするだけなら誰でもできる。

バザールはポジティブゲームなので、失敗を恐れずとにかく目立つことをするのが必勝戦略だ。その結果やりすぎて批判されたりもするけど、いろんな制約があるテレビより面白いこともできて、いまでは芸能人より有名なユーチューバーが何人もいる。——あまりにかんたんに「有名人」になれそうに思えるから、世界じゅうで何千万もの若者がユーチューバーを目指している。

GAFAがプラットフォームを独占するのは大手企業には大惨事かもしれないけど、オリジナルのコンテンツ（作品や商品）で勝負しようとするクリエイターにとっては、こんなに素晴らしい時代はない。だったら、このチャンスを利用しない手はない。

ブルーオーシャン戦略とニッチ戦略

人的資本を最大化するときに重要なのが「ニッチ戦略」だ。これは「ブルーオーシャン戦略」とも呼ばれるが、両者はちょっとちがう。

漁船が殺到して魚が獲りつくされてしまったのがレッドオーシャンだ。それに対して、まだ誰も気づいていない魚獲り放題の場所がブルーオーシャンになる。ビジネスに成功するには、ライバルばかり多くてたいして儲からないレッドオーシャンを避け、ブルーオーシャンを探さなければならない。

これは理屈のうえではたしかにそうなのだけど、そんな都合よくブルーオーシャンが見つかれば誰も苦労しない。これは宝探しみたいなものだから、結局、「ブルーオーシャンを探す競争がレッドオーシャンだった」という話になってしまう。

それに対してニッチ戦略は、ライバルを蹴落として成功するのではなく、ライバルとライバルのあいだにある小さな隙間《すきま》を狙う。アイドルとしてテレビに出るのが難しければ、ユーチューバーや地下アイドルになるという戦略だ。

「なんだ、そんなセコいこと」とバカにするかもしれない。ニッチ戦略は小さなマーケットを開拓する手法だから、大きな会社がやってもぜんぜん割が合わない。

でもここが大事なポイントで、大企業が相手にしないということは、強力なライバルがいないということだ。そのうえグローバルなマーケットはものすごく大きいので、何百億円、何千億円のビジネスは無理でも、ちょっとしたニッチですら個人が億万長者になるくらいのパワーをじゅうぶん持っている。

ニッチ戦略の魅力は、みんなが求めることではなく、自分が好きなことに全力投球できることだ。

たくさんのお客さんがいるマスマーケットは典型的なレッドオーシャンで、そこで成功するには「みんなが好きなこと」を提供できなければならない。そしてほとんどの挑戦者は、失敗して消えていく。それに対してマーケットを小さくすればするほど、「そんなのやってられないよ」というライバルが去っていく。こうして得意な場所（ニッチ）を見つけたら、あとは頑張ってそこで一番になればいい。小さなマーケットでもお客さんを独占できれば、楽しく暮らすにはじゅうぶんなくらいの利益はあげられるだろう。

それと、これから重要になるのは、ひとつのところにとどまらずにフットワークを軽くすることだ。ニッチな市場はちょっとしたことで消えてしまうけれど、広大なグローバルマーケットのなかには別のニッチがきっとあるはずだ。音楽が得意なら、ライブハウスからユーチューブやTikTokへ、アマゾンでのＣＤ販売からネット配信へというように、「好き」を維持したまま、そのときにいちばん適したプラットフォームに移動していく。

グローバルなプラットフォームを上手に活用できれば、お金を稼ぐのにもはや会社に頼る必要はない。じつはこれは世界的な現象で、そのことに気づいたひとたちが若くしてどんどん独立している。これを「フリーエージェント化」というが、それについては次の「攻略編３」で説明しよう。

第6章 攻略編3

――愛情・友情

君は「愛がすべて」だと信じているかもしれない。「友情ほど大切なものはない」とも思っているだろう。ところで、愛や友情とはいったいなんだろう。

次のような場面を思い描いてほしい。

彼女とのデートで素敵なレストランでご飯を食べたあと、「これ、プレゼント」といっておしゃれなネックレスを渡すと、すごく喜んでくれるだろう。

その代わり、「今日は楽しかったよ」と、ネックレスの値段と同じだけの千円札を何枚かテーブルの上に置いたとしよう。賭けてもいいけど、彼女との関係はその瞬間に終わる（女性の読者はその場面を想像してほしい）。

そんなバカなことをする奴はいないと思うだろうけど、よく考えるとこれはヘンだ。5000円のネックレスと千円札5枚は同じ価値だ。彼女はもしかしたら、すでに似たようなネックレスを持っているかもしれない。そう考えれば、5000円渡して好きなものを買ってもらった方がいいんじゃないだろうか。

これは理屈としてはまちがっていないし、経済学ではこう教える（だから評判が悪い）。なぜなら、あらゆるものにプライス（値段）がつけられると考えているから。

でもぼくたちの世界には、値段がつけられないプライスレスなものがある。「愛」

や「友情」もそのひとつだ。

愛はプライスレスだからこそ、無理に値段をつけようとするとかんたんに壊れてしまう。デートのときテーブルの上に千円札を置いてはいけないのだ。

愛情・友情空間と貨幣空間

愛というのは特定の1人との関係だ。恋人が複数いると、ほとんどの場合ものすごく大変なことになる。

友情も同じで、親友は1人か2人で仲間はせいぜい5～7人、お互いに「友だち」と呼び合う関係も20人を超えることはないだろう。顔と名前が一致する「知り合い」を加えても150～200人くらいだ。

このように、愛や友情の対象になる人数はとても少ない。これを経済学では「希少財」といって、数が少ないものほど価値が高い。ピカソの絵が何十億円もするのは、数に限りがあるからだ。愛や友情はそれよりずっと希少なので、値段がつけられなくて「プライスレス」になる。――このように、経済学でも愛をちゃんと説明できる。

プライスレスな世界を「愛情空間」「友情空間」と呼ぶならば、その外側には広大な「他人」の世界が広がっている。日本には1億人、世界には80億人ものひとが暮らしているが、ぼくたちはその大半（99・999999％）とは出会うことすらない。これを「貨幣空間」と名づけよう。なぜなら、知らないひとともお金によってつながっているから。

アマゾンで商品をクリックするとき、その先に誰がいるかなんて考えもしないだろう。でもそこには、商品を梱包《こんぽう》し発送する見知らぬひとがいる。その商品は日本ではなく、アメリカやヨーロッパ、中国やアフリカから送られてくるかもしれない。これが貨幣空間の特徴で、お金を介して世界じゅうのひととつながることができる。

人数だけで考えれば、愛情空間や友情空間はものすごく小さく、貨幣空間はものすごく大きい。ところが人生における価値はこれが逆転し、愛情空間や友情空間はものすごく大切で、貨幣空間はどうでもいい。マンガ、アニメ、ドラマ、ラノベなど、あらゆる物語が愛と友情をテーマにしているのはこれが理由だ。「ネットでパソコンを買ったら安くてうれしかった」なんて貨幣空間の出来事はまったく物語にならないのだ。

愛や友情はかけがえのないものだけど、みんなが知っているように、失恋とか裏切

図14

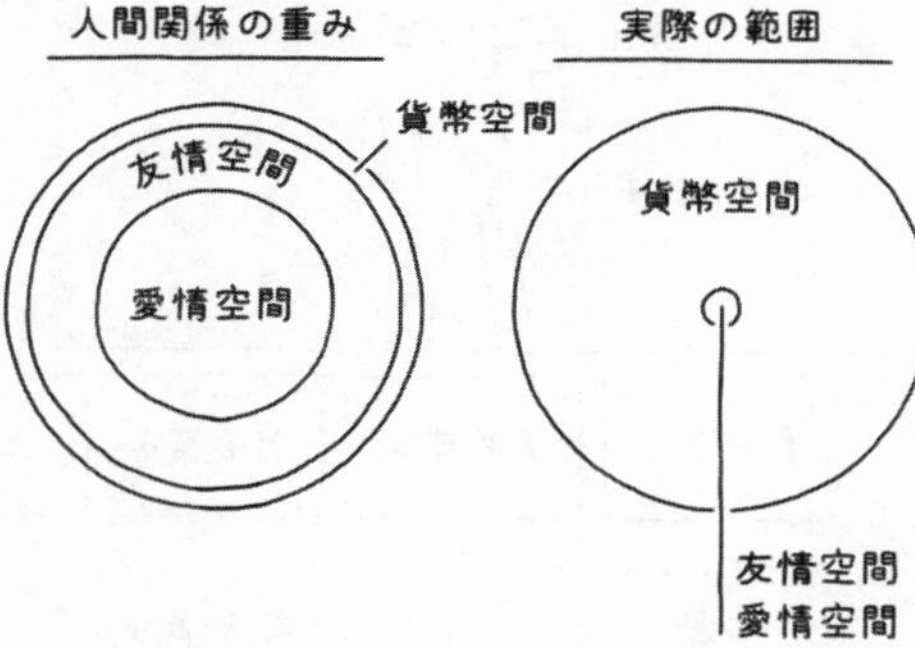

愛情空間・友情空間・貨幣空間

りとか、人生の苦しみや悲しみのすべても愛情・友情空間からやってくる。それに対して、昼におにぎりを買ったコンビニの店員のことなんて思い出しもしないだろう。愛や友情はものすごく熱いものだけど、貨幣空間はフラット（冷淡）なのだ。

愛情空間の価値が人生の80%、友情空間が19%を占めるとすれば、貨幣空間は1%程度の重さしかない。このように愛情空間、友情空間、貨幣空間は、その大きさと価値が主観と客観でかんぜんに逆転している（図14）。

愛情や友情はとても大切なものなので、お金（金融資本）や仕事（人的資本）と

図 15

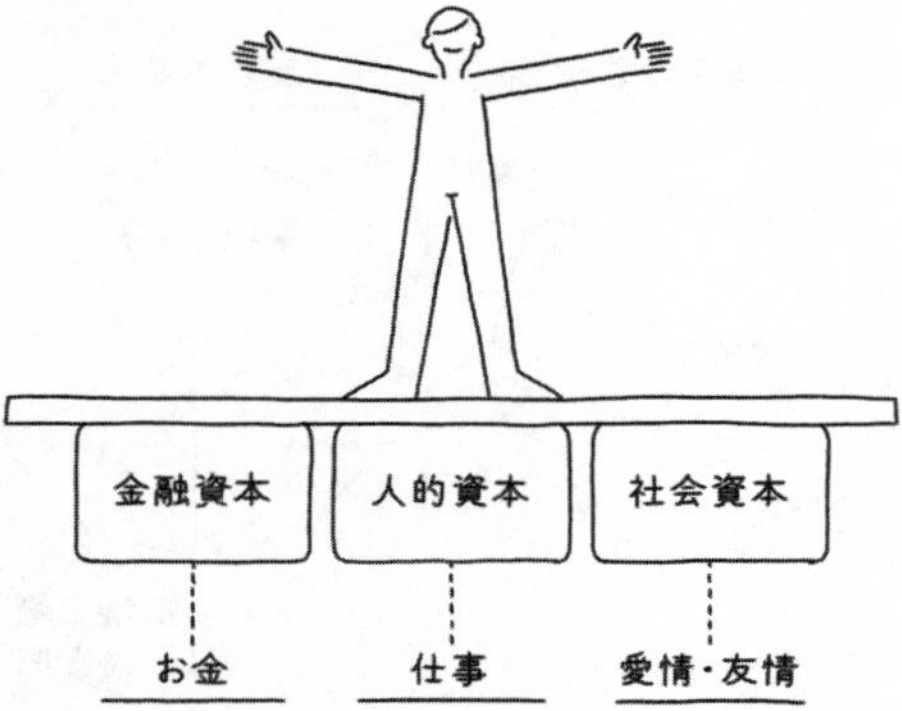

幸福の土台

同様に、人生に大きな影響を与える。それをここでは「社会資本」と呼ぼう。幸福の土台は、金融資本、人的資本、社会資本でできている（図15）。

「人生を攻略する」というのは、この3つの「幸福の資本」を君自身の価値観（こんなふうに生きたい）にもとづいて最適化することなのだ。

「幸福の資本」で人生が決まる

ロシアの文豪トルストイは『アンナ・カレーニナ』の冒頭で、「幸福な家庭はどれも似ているが、不幸な家庭はみなそれぞれに不幸だ」と書いた。でも人生を3つの幸福の資本で考えると、幸福には

図16

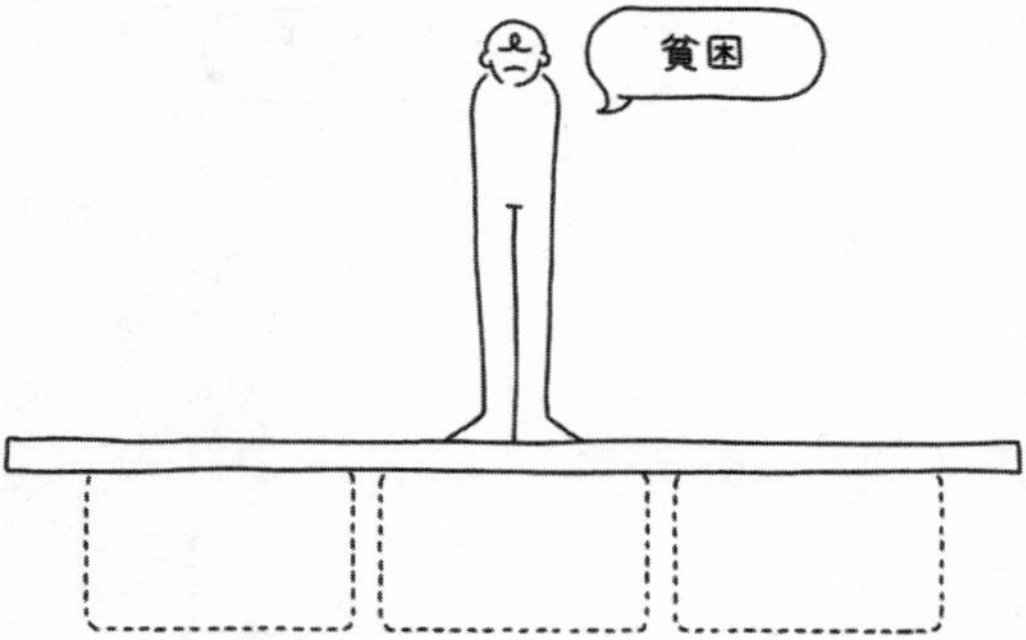

いろいろなかたちがあるけど、不幸はひとつしかない。

お金もなく、仕事もなく、恋人や家族の愛情も、友だちもいないことを想像してみよう。なにひとつ土台がないのだから、その上にどのような幸福な人生もつくりようがない。この状態を「貧困＝不幸」と定義しよう（図16）。

それに対して、幸福の土台がどれかひとつでもあれば、満足感や充実度はさまざまだろうけど、すくなくとも「貧困＝不幸」にはならない。

たとえば、金融資本も人的資本もないけど、社会資本は持っているタイプ。貯金はゼロで、仕事はバイトか非正規だけ

図 17

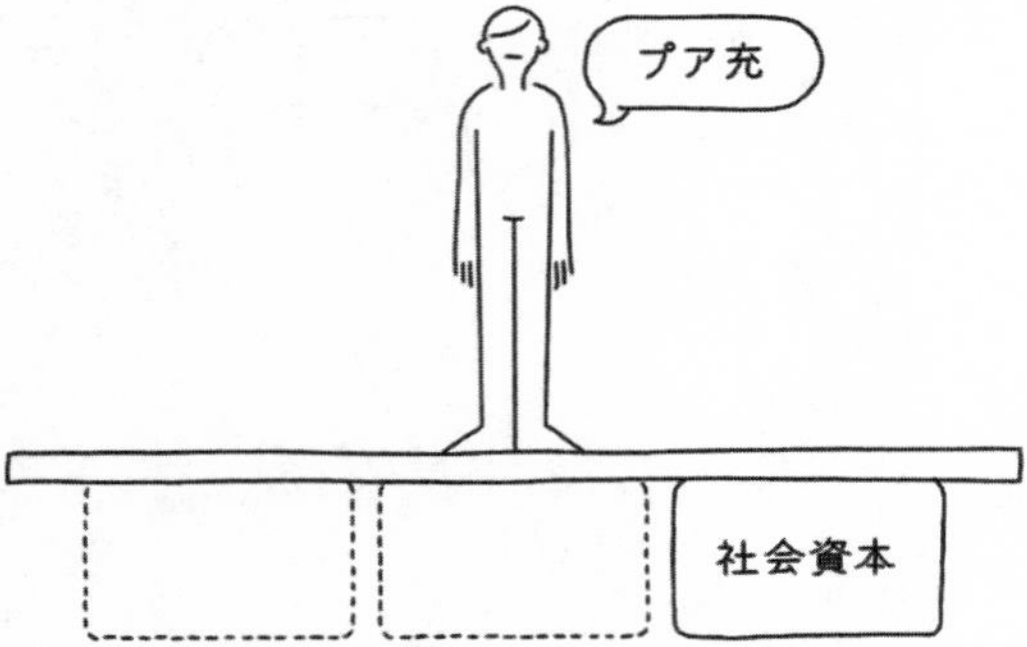

ど、恋人や友だちにいつも囲まれている。

その典型はジモティとかマイルドヤンキーと呼ばれる地方在住の若者で、学校時代の友だち関係をずっと継続できるから、財布の中身はさびしくても、週末にはみんなでドライブに行ってバーベキューをやったりする。彼ら／彼女たちはプア（貧乏）でも充実している「プア充」だ（図17）。

貯金もないし恋人も友だちもいないけど、IT企業などの正社員で給料も高い、というタイプはどうだろう。友だちがいないのは、地方から東京などの都会に出てきたからだ（地元を離れてしまうと、中学や高校の友だちとは切れてしまう）。

図 18

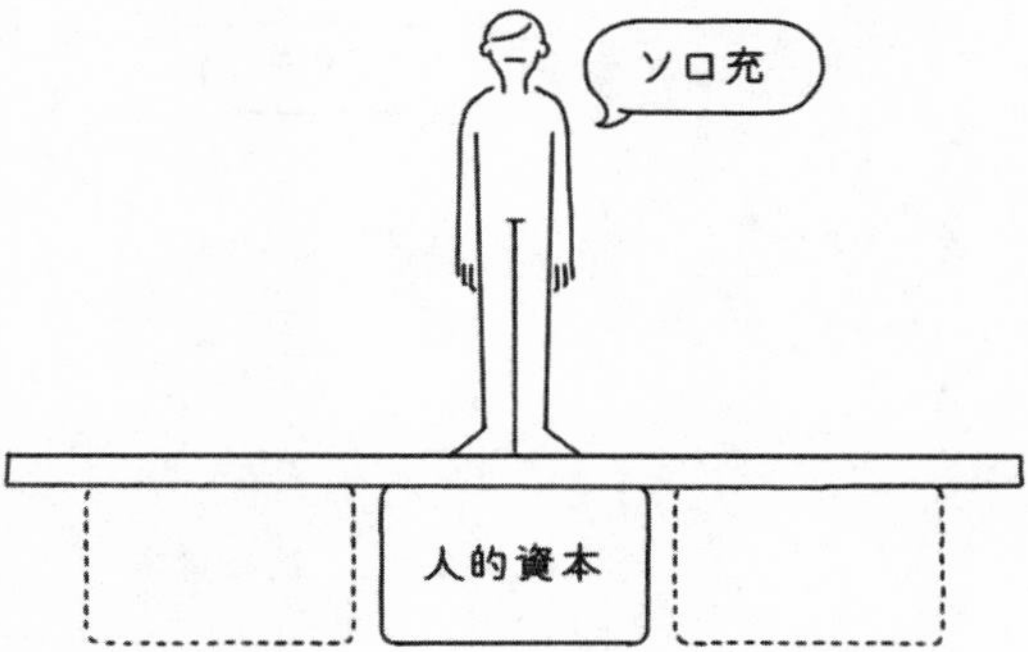

貯金がないのは社会に出たばかりだからで、新しい友だちや恋人をつくれないのは仕事が忙しすぎるのかもしれない。こちらは、１人（ソロ）でも仕事が充実している「ソロ充」だ（図18）。

金融資本だけあって、人的資本も社会資本もないというタイプは「孤独なお金持ち」だ。それなりの資産があっても、ずっと独身だったり、離婚して子どもたちとも疎遠な年金生活者のほかに、お金持ちの親と同居し、アルバイト程度の仕事しかしていないひきこもりにも当てはまるだろう。こうした人生を不幸（負け組）と決めつけることはできない。人間関係に煩《わずら》わされずに好きなことに打ち

図 19

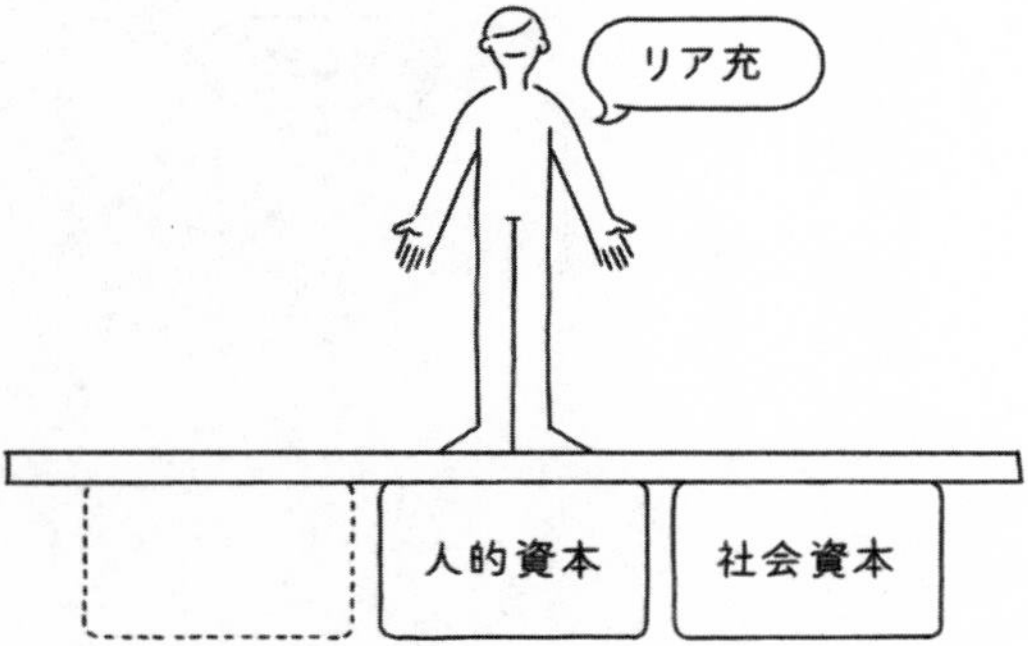

込める生活はけっこう充実しているかもしれない。

次は、幸福の資本を2つ持っている人生を考えてみよう。

一流企業でバリバリ働きながら、恋人や友だちといつもわいわい楽しんでいるひとだっているだろう。その多くは「東京生まれ東京育ち」のように、働きはじめても友だち関係が切れない。フェイスブックやインスタで「彼女（彼氏）とハワイに来てます」とか、「高校時代の仲間と六本木ヒルズでミニ同窓会」とかの報告をするこのタイプは、リアル（現実）も充実しているから「リア充」と呼ばれている。でもつき合いにお金がかか

図20

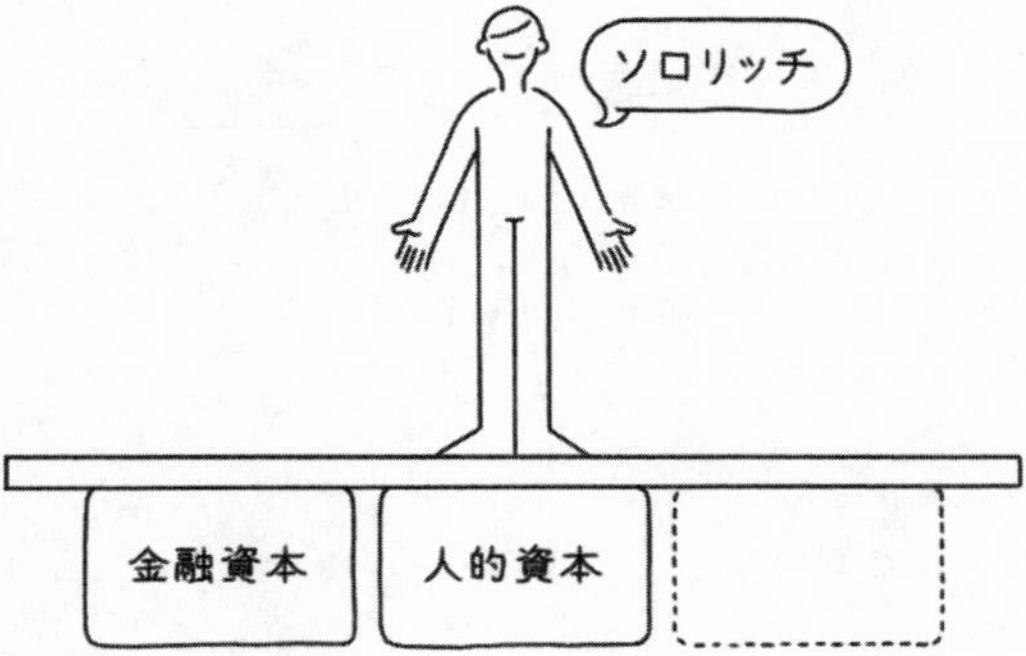

るから、貯金はあまりできないだろう（図19）。

同じようにバリバリ働いていて、お金もけっこう貯まったけど、恋人や友だちはいないというひともいるだろう。「ソロ充」が貯金できるようになるとこのタイプになるので、「ソロリッチ」としよう。ソロリッチは一見さびしそうだけど、いっしょに仕事をする仲間はたくさんいるし、ゲームでも山登りでも趣味を思い切り楽しむことができるから、インスタに写真をアップすることはないかもしれないけど、その人生はけっこう充実している（図20）。

このほかに、お金と愛情・友情があっ

図 21

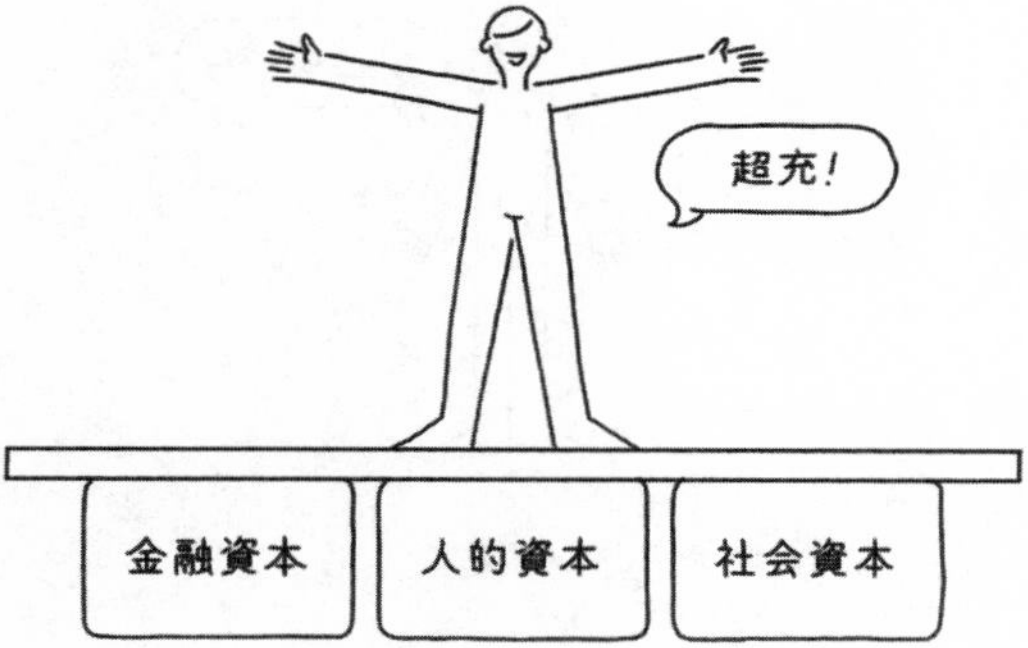

て人的資本がない（仕事をしていない）パターンも考えられる。その典型が、夫の稼ぎを金融資本に、ママ友を社会資本にする「マダム」だが、友だちがたくさんいる裕福な退職者や、親のお金で好き勝手に暮らしているドラ息子／娘（ただし友だちには人気がある）もこのタイプに含まれるだろう。

誰もが金融資本、人的資本、社会資本のすべてを持ちたいと願うだろう。こんなうらやましい人生は超充実しているだろうから「超充」だ。でも現実には、これを実現するのはなかなか難しい（図21）。なぜかというと、ひとつは時間資源の制約、もうひとつはお金と愛情（友情）がしばしば対立するからだ。

タイパ（タイムパフォーマンス）が流行語になったように、現代社会ではますます時間は貴重になっている。社会的・経済的に成功すればするほど、仕事に費やす時間は増えてくるだろう。でも1日は貧乏人も大富豪も平等に24時間しかないのだから、その分だけ、家族や恋人、友だちと過ごす時間は減ってしまう。

超充が難しいもうひとつの理由は、お金持ちになると、むかしの友だちがお金目あてに近寄ってくるからだ。そうした依頼をみんな断っていたら、けっきょく誰もいなくなったということになってしまう。――残念だけど、これが現実だ。

幸福の資本をすべて持っている超充の人生は理想で、君なら不可能を可能にできるかもしれないけど、その前に土台をひとつずつかためていかなくてはならない。

プア充やソロ充など、幸福の資本がひとつあればそれなりに充実した生活ができるけど、その人生はかなり不安定だ。プア充が友だちを失ったり、ソロ充が失業してしまうと、資本がひとつもない状態、すなわち「貧困＝不幸」になってしまう。

だからまず、資本をひとつ持っているなら、それを大事にしつつ、もうひとつ資本を持てるように努力するべきだ。たとえ失業してもリア充なら恋人や友だちが助けてくれるし、ソロリッチはとりあえず生活できるだけのお金を持っている。

評判が利益を生み出す仕組み

幸福の資本の図で人的資本を真ん中にしているのには理由がある。

社会に出たばかりのときは貯金はほとんどないのだから、働きながらすこしずつお金を貯めていくしかない。つまり、金融資本は人的資本からしか生まれない。

社会資本を愛情・友情とするならば、それは仕事と直接の関係はない。給料が高い方がデートに誘ってもらいやすくなるかもしれないけど、仕事が忙しくて断ってばかりだとふられてしまう。

ところが最近になって、社会資本とはベタな人間関係ではなく「評判」のことだといわれるようになった。インターネットやSNSでよい評判も悪い評判も即座に拡散・共有され、「いいね!」やフォロワー数で〝見える化〟できるようになったからだ。

社会資本を数値化したものが「評判資本」だ。愛情・友情はプライスレスだけど、評判資本にはプライスがつけられる。なぜなら、評判が利益を生み出すから。

近所の住宅街に、若い女性が2人で始めた自然食レストランができた。たまたま入ったら美味しかったのでそれから通うようになったのだけど、3カ月くらいしたら昼時は満席になり、半年後には行列ができるようになった。1日に提供できる料理の数が決まっていることもあって、いまでは休日は1時間待ちだ。これはネットで評判が一気に広まったからで、口コミしかなかった時代にはこんなことは考えられなかった。

よい評判をたくさん持っているレストランはお客さんが集まり、結果として利益も増える。これが「評判経済」だ。評判経済では、大きな人的資本（優れた仕事）からよい評判が生まれ、それがネットで拡散されて多くのひとが共有することで、結果として大きな金融資本（お金）につながっていく。

そう考えれば、「幸福の資本」の関係は図22のようになるだろう。

評判とはいったいなんだろう？　これはほかの本でも書いたのだけど、よい例が思いつかないのでやはりネットオークションで説明しよう。

日本だとヤフオクやメルカリが有名だが、世界ではじめてネットオークションを始めたのはアメリカのイーベイだ。

イーベイが最初にこのアイデアを発表したときは、みんなから笑われ、さんざんバカにされた。相手が誰だかわからないオークションで落札しても、ちゃんと商品が送られてくるはずがない。たとえ商品が届いても、説明とはぜんぜんちがう中古かもしれない。誰も商品確認をしないのだから、そんなの詐欺の温床になるだけだ……。

これはたしかに理屈に合っているけど、だったらなぜネットオークションは世界じゅうでこんなに大成功したのか。

その秘密を知るために、(ひと聞きの悪い話だけど)君がネットオークションで詐欺を企んでいるとしよう。でも君はまだなんの評判も持っていないから、このままでは高額商品を出品しても入札してもらえない。詐欺で儲けるためには、なんらかの方法で高い評判を獲得しなくてはならないのだ。

かつては仲間内で評判をかさ上げすることもできたけど、いまは特定の相手から繰り返し評価を受けることはできなくなった。抜け道がないわけでもないだろうけど、もっとも簡単なのは、少額の出品を繰り返し、まっとうに商売して地道に評判を獲得していくことだろう。

このようにして高い評価を得ると、高額商品を出品できるようになるばかりか、同じ商品でも高い値段で落札されるようになる。オークションの参加者は、良心的な業者と取引できるならすこしぐらい余分に払ってもいいと思っているのだ。

図22

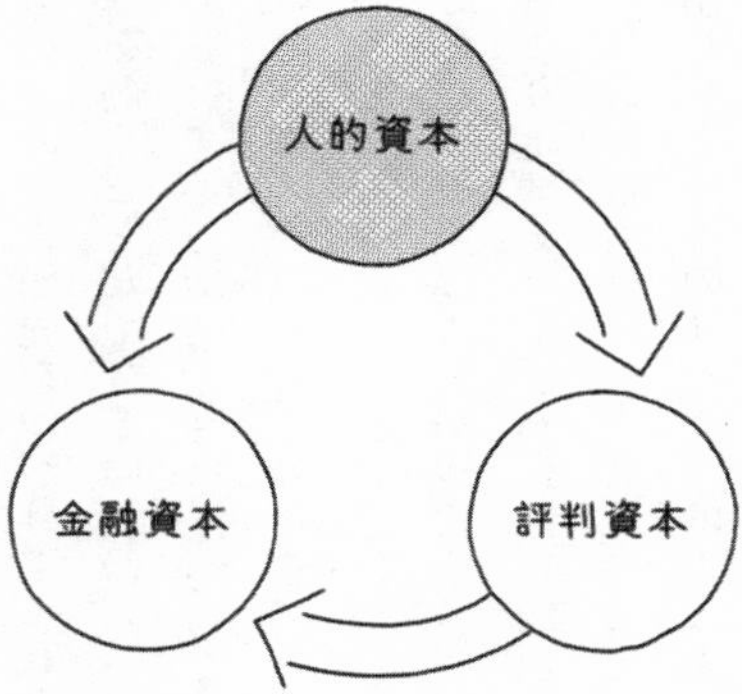

すべては人的資本から始まる

　こうしていよいよ、詐欺を働くにはじゅうぶんな評判が手に入った。いまなら液晶テレビなどの高額商品を出品し、入金されたとたんに全額現金で引き出して逃げることができる。でもその頃には、オークション業者としてそれなりの利益を出すことができるようになっているはずだ。

　こうして君は、2つの選択肢の間で悩むことになる。

　ひとつは、予定どおり詐欺を実行して即座に大金をつかむこと。でももし捕まれば、刑務所に放り込まれるかもしれない（ハイリスク・ハイリターン戦略）。

　もうひとつは、ここまで獲得した高い信

用度を利用して、安定したビジネスをつづけること（ローリスク・ローリターン戦略）。

これはもちろん本人次第だけれど、ほとんどのひとは後者を選択するはずだ。なぜなら、このまま商売をつづけてより多くの評判を獲得すれば、将来、より大掛かりな詐欺を働くことができるのだから。

ところでこの話は、じつは終わりがない。次の機会も君はこの2つの選択で悩み、やはり正直者を演じることを選ぶだろう。そしてその次の機会も……。このようにして悪意のある人間は、悪意を持ったまま、善人として一生を終えることになる。

こんな不思議なことが起こるのは、ネットオークションがバザールで、ネガティブ評価よりポジティブ評価に高い価値を置いているからだ。ネガティブ評価だと、悪評ばかりの参加者はさっさと退会して、別の名前で再登録できる。ところがポジティブ評価だと、評価のリセットはこれまでの財産をすべて失うことになるのだ。

ネットオークションの参加者は、悪意や善意とは無関係に、常によい評判を維持しようと頑張る。その結果、善意のひとしかいなくなってしまうというのが評判システムのすごいところだ。

民泊とライドシェア

評判経済では、よい評判が「ヴァーチャルな貨幣」となって、それがリアルな貨幣（利益）に変換されていく。民泊やライドシェアはこの仕組みを上手に使っている。

民泊サービスのエアビーアンドビーでは旅行者が個人の住宅を借りることができるが、ホテルとちがってそこがどんなところかはよくわからない。もちろん部屋の写真やオーナーの紹介文などはあるけど、いちばん役に立つのは過去の宿泊者の評判だ。「ここは最高！」というコメントがたくさんあれば安心して泊まれるだろうし、「最悪」とコメントされていたらほかを探すだろう。オーナーがたくさんの宿泊者に来てもらおうと思ったら、評判を高めるためにしっかり「おもてなし」しなければならない。

ライドシェアのウーバーも同じで、アプリで近くに何台か車がいることがわかったら、真っ先に確認するのは価格と評判だ。利用者は、安心して乗れるよい評判を持った運転手なら、すこしくらい高い料金を払ってもいいと思っている。だからこそウーバーの運転手は、お客さんを大切にしてよい評価をもらおうとする。

日本では残念なことにライドシェアは認可されていないが、ぼくはアメリカ、インド、中国、ロシアなどで利用したことがある。どれもタクシーより安いだけでなく、運転手はみんな親切で、一般の旅行者が知らないような観光地も案内してくれた。

エアビーアンドビーもウーバーも、サービスを提供する側が顧客を評価することもできる。そしてこの評価が低いと、部屋を貸してもらえなかったり乗車を断られたりする。利用者の側も無意識のうちに「よいお客さん」へと誘導（ナッジ）されるのだ。

評判システムは上手に仕組みをつくるとものすごい威力を発揮するが、「大騒ぎするわりにはたいしたことない」ともいわれている。利用者の評価をビジネスに組み込めるのが、いまのところネットオークション、民泊、ライドシェアくらいで、いろんな分野にどんどん拡大していくわけではないからだ。ぼくたちはあいかわらず電車やバスに乗り、デパートや家電量販店、コンビニで買い物し、チェーンのレストランや居酒屋で飲食しているから、世の中の変化をなかなか実感できない。

でもこれはとんでもない誤解だ。評判経済は、これからの君の人生を大きく変えることになる。なぜなら、評価されるのは君だから。

リナックスのコミュニティ

リナックスはスマホのAndroidにも使われているフリーOS（オペレーションシステム）で、リーナス・トーバルズという天才プログラマーが中心になって、ネット上のコミュニティで開発された。参加自由・報酬なしだからたいしたことはできそうもないと思うだろうが、マイクロソフトのウインドウズに匹敵するものすごく高度なOSを自分たちでつくってしまった。

なぜこんな奇跡が可能になったかというと、もちろんいろんな理由があるのだけど、そのなかでも重要なのは、リナックスのコミュニティがプログラマーを評価したことだ。「ここはこんなふうにしたらいいんじゃないか」「こんな修正プログラムつくってみたけどどう？」などのやり取りのなかでごく自然に中核メンバーが生まれて、そこで検討したことを最後はトーバルズが決定する。この「評判システム」によって、会ったことがないばかりか、地球の裏側に住んでいるかもしれないプログラマーたちの共同作業が可能になった。

無償でもたくさんのプログラマーがリナックスのプロジェクトに参加したがるのは「それがぼくには楽しかったから」（トーバルズの自伝の題名）だけど、リナックスのコミュニティで高い評判を獲得すると、それがほかの仕事につながるからでもある。

リナックスの開発メンバーの中核にいるプログラマーを社員にすれば、リナックス関連のシステムやソフトウェアをつくるのにものすごく有利だから、シリコンバレーの会社が大金を払って獲得競争をする。プログラマー（エンジニア）は実力次第で報酬が青天井に跳ね上がるプロ野球選手やサッカー選手と同じになってきたのだ。

こうした評判経済が、プログラミングだけでなくさまざまな仕事に拡大しつつある。

初対面のひとと仕事をするかどうか決めるとき所属する会社が重要なのは、相手がどんな評判を持っているかを直接知る方法がなかったからだ。でもいまでは、フェイスブックやリンクトイン（ビジネス型SNS）をチェックしたり、ネットのコミュニティを訪れることで、一人ひとりの評判を知ることができるようになった。だったら、会社の看板ではなく個人の評判で選んだ方がずっと効率がいい。

有名企業の社員でもまったく使えないことがあるし、名前も聞いたことのない会社にスゴい人材が埋もれているかもしれない。でもこれまでは、誰が仕事ができるかを見極めるのに試行錯誤するしかなく、それに大きなコストがかかった。

個人の評判がわかるようになれば、会社のブランドに頼ったり、ヘッドハンターに大金を払う必要はない。評判のいい民泊に泊まったり、評判のいい運転手を選んだりするように、あるいは評判のいいレストランで食事するように、評判のいい個人といっしょに仕事をすればいいだけだからだ。

こうして、働き方にとてつもない変化が起きつつある。それが「フリーエージェント化」だ。

電気ショックを与えられたイヌ

2頭のイヌが、どちらも布で動けないよう拘束されている。布には電極が埋め込まれていて、致命的ではないものの、かなり不快な電流が流される。

一方のイヌの横には板があって、首を横に振ると板の裏にあるボタンを押して電流を止めることができる。もう一方にはこうした仕掛けはなく、自力では電流を止めることができない。

こうした残酷な仕掛け（いまでは倫理的な理由で許されないだろう）で電気ショックを与えると、どちらのイヌも苦痛から逃れようとはげしく暴れるが、拘束されているので動くことができない。しかしそのうち、頭の横に板のあるイヌは、なにかの拍子に頭でその板を叩くと電気ショックが止まることに気がつく。

イヌはすぐにそのことを学習し、電気ショックのたびに頭を振って電流を止めるようになる。このように苦痛を回避する選択肢が与えられたイヌは、ストレスのレベルがさほど上がらず苦痛に耐えることができる。

しかしもう一方のイヌは、なにをしても苦痛から逃れることができない。すると最後には無力感を「学習」し、どれだけ電気ショックを加えてもただ目を閉じて座っているだけになってしまう……。ストレスが耐えられる上限を超えて、どんな刺激にも反応しなくなってしまうのだ。

これが「学習性無力感」の実験で、監禁された状態で長期にわたって苦痛にさらされると、こころに重大な損傷を被《こうむ》ることを示している。

これを読んで、思い当たることはないだろうか。そう、伽藍の世界（タコツボ）に閉じ込められたひとは、拘束されたイヌにとてもよく似ているのだ。

幸福の研究では、さまざまな調査で、いちどの大きな痛みより、長くつづく小さな痛みの方が幸福度を大きく引き下げることがわかっている。「夫や妻、子どもと死別するより、毎日の長距離通勤の方が（長期的には）ひとを不幸にする」などという研究もある。

にわかには信じられないだろうけど、歯医者で、「ちょっと痛むけれどすぐ終わりますよ」といわれるのと、ときどき痛みが走る状態で歯を削られていて、それがいつまでつづくかわからないのと、どちらが耐えがたいか想像すればわかるだろう。

イヤな教師やいじめっ子のいる学校に通うのも同じで、クラスは変えられないのだから、苦痛は毎日必ずやってくるし、そこから逃れることもできない。でももっと最悪なのは、パワハラ（セクハラ）の上司やいじわるな同僚、手間ばかりかかる不愉快な部下のいる会社だ。学校の人間関係は3年間（小学校なら6年間）ガマンすればとりあえず終わるけど、終身雇用の日本では、会社の人間関係は半世紀つづくかもしれないのだ。

こんな想像を絶する長期間、毎日「電気ショック」を受けていたら、いったいどうなってしまうのだろう？

人間関係を選択する

日本でうつ病や自殺が大きな問題になっている理由のひとつは、いちど人間関係がこじれたら、そこから逃れることのできない「伽藍の世界」があちこちに口を開けていて、あっというまに罠に落ちて身動きできなくなってしまうからだ。

でもこれは、じつは日本だけのことではない。

以前は、「過労死」は真面目で責任感が強く、打たれ弱い日本人だけの現象だと思われていた。ところがアメリカでも職場に適応できずうつ病になるひとがどんどん増えてきて、いつのまにか「karoshi」という英語になってしまった。

「現代では人間関係が薄くなった」と嘆くひとがたくさんいる。でも事実はこれとはまったく逆で、むかしの人間関係は家族と数人の知り合いしかいなかった。いまは多くのひとが、どんどん濃くなる複雑な人間関係に疲れ果てて、プライベートくらい一人になりたいと思っている。こうして世界じゅうで「ソロ化」が進んでいる。

ぼくたちはみんな、自由な社会に暮らしている。レストランでなにを注文するか、ブティックでどんな洋服を買うのか、選択肢はものすごくたくさんある（ありすぎて困るほどだ）。

でも考えてみると、そんな選択肢だらけの社会でも自由にならないものがある。それが人間関係だ。

子どもは親を選べないし、親も子どもを選べない。養子のようなケースを除けば、家族を選択することはできない。

ここまでは当然として、それ以外の人間関係はなぜ選択できないのだろう。パワハラやセクハラをする上司がいれば、それに耐えるのではなく、かといって裁判に訴えるような大変な思いをすることもなく、たんに別の上司を選択すればいいのではないか。いじわるな同僚も、面倒ばかりかける部下も、さっささよならできるなら思い悩む必要はない。

このように、人間関係のトラブルは「選択できること」でなくなってしまうのだ。こうして、「レストランで好きなメニューを選ぶように、誰といっしょに働くかも自由に選べばいい」と考えるひとたちが現われた。これが「フリーエージェント」だ。

人間関係を選択できるというのは、働き方としてものすごく魅力的なので、アメリカではフリーエージェントがすでに労働人口の半分ちかくになり、いずれは組織に所属する人数を逆転するといわれている。やがて「会社で働く」ことが少数派になる時代がやってくるだろう。

働きながら世界を旅する若者たち

インドネシアのバリ島はヒンドゥーの文化が残っていて、美しいビーチもあり、欧米の旅行者には人気の観光地だ。ずいぶん前の話だけど、そこのインターネットカフェで面白い体験をした。

その頃はいまのようにどこでもWi-Fiがあるわけじゃなく、ノートパソコンも重かったので（当然スマホもない）、メールを確認するにはインターネットにつながったパソコンを借りるしかなかった。インターネットカフェはどこも、欧米の若者たちのたまり場になっていた。

夕方、ネットカフェをのぞくと1台だけ空いていたので、店のひとに「あれ使える？」と訊くと、「30分だけなら。そのあとは予約が入ってるんだ」といわれた。

その頃は海外のパソコンは日本語が打てなかったので（日本語のメールを読むことはできた）、苦労して英語で返事を書いていると、短パンにビーチサンダルという格好の金髪の若者がサーフボードを抱えて入ってきた。ぼくが「悪いね、すぐに終わるから」というと、若者は「べつにいいよ、今日はたいした仕事はないから」と笑った。

メールを送り終わって席を譲ったあと、不思議に思って「いまから仕事？」と訊いてみた。

「時差があるだろ」若者はいった。「ヨーロッパはちょうど朝の9時なんだ」

彼がいうには、毎日会社に通うのはもちろん、せっかくいい波が来てるのに朝から働くのはバカバカしい。でも海外に場所を移して時差を利用すれば、夕方までサーフィンを楽しんで、それからちょっと働いて、真夜中になったら踊りにいくという理想の生活が実現できるのだという。

ぼくはそれを聞いて、こんなライフスタイルがあるのかとものすごくびっくりしたけど、最近は上野周辺のゲストハウス街に行くと、ノートパソコンで仕事をしている若い外国人旅行者をたくさん見かけるようになった。バリ島で出会った若者の働き方が、いまでは当たり前のものになっているのだ。

多くの日本人はいまでも、定年まで頑張って働いて、年金生活になってからのんびり海外旅行したいと思っている。でも、楽しむのをなんで何十年も待たなくてはならないのか？　それに70歳を過ぎてからだと、行けるところだってかぎられてくる。

このようにして、働きながら世界を旅する若者たちが現われた。かつてのバックパッカーのように、仕事を捨てて「自分探し」のために長い旅に出るのではなく、人的資本をちゃんと維持したまま、気に入った場所から場所へと移動しているのだ。

映画制作はプロジェクト型

通勤電車に乗って毎日会社に通うという働き方は、いまや過去のものになりつつある。なぜなら、楽しくないから。

人間関係を自由に選択できるのなら、好きなメンバーとだけ仕事をすればいい。会社に行かなくていいなら、ひとつの場所に生活を固定する必要もない。

そんな働き方はごく一部のひとのものに思えるだろうけど、じつは業界全体がフリーエージェント化しているところがすでにある。たとえば映画制作の現場だ。

一般的な映画のつくり方だと、プロデューサーが企画を立てて出資者を集め、脚本家と相談しながら作品の骨格を決めて、監督と俳優にオファーを出す。低予算でも脚本が気に入ればビッグネームの俳優が出演することもあるし、大作でも自分のイメージに合わないと断られる。監督は、助監督、撮影、音声など現場を支えるスタッフを集めてクラインクインし、作品ができあがるとチームは解散する。

ところで、ここで登場したひとたち――プロデューサー、脚本家、監督、俳優、現場スタッフ——のなかで「会社員」はひとりもいない。俳優は芸能事務所に所属しているだろうけど、それはマネジメントを代行してもらっているだけで、人気が出れば収入は青天井で、仕事がなければお金はもらえない。

フリーエージェントが増えていくというのは、いろんな仕事が映画をつくるのと同じになるということだ。これを「プロジェクト化」という。

プロジェクト化した仕事では、プロデューサー（プロジェクトリーダー）が企画を立てると、マーケット（労働市場）から最適なスタッフを集めてきて、作品ができあがるとプロジェクトは解散する。スタッフたちはみんなマーケットに戻って、次のプロジェクトのための準備を始める。

こうした働き方ができるのは、大物監督や人気俳優だけではない。いったん仕事のやり方がプロジェクト化されると、現場スタッフから端役にいたるまですべてのメンバーがフリーエージェントになる。

市場の拡大にともなって、マス（大衆）から個人（一人ひとりの顧客）へと重点が移っていく。働き方の変化もこれと同じで、かつては会社によって統制され画一化されていた仕事が、多様化する市場に適応するために、プロジェクトごとに分割され、外部に発注されるようになった。映画会社の重役たちががん首をそろえ、どんな作品がヒットするかえんえん議論するより、たくさんの映画作家（クリエイター）に自由に制作させて、当たった作品を大々的に広告・宣伝した方がずっと効率がいい。音楽でも小説・マンガでも同じで、音楽会社や出版社は作品を流通させるためのプラットフォームに特化していった。GAFAのようなプラットフォーマーは、これをすべての仕事に拡張したのだ。

いまや音楽、映像、新聞・出版でも、あるいは宿泊業や輸送業でも古いプラットフォームは破壊され、ビジネス環境は大きく変化している。アメリカでは会社の寿命はどんどん短くなって、古い会社が消えては新しい会社が続々と誕生している。「100年企業」がもてはやされる日本とは別世界だ。

フリーエージェントがプロジェクトに参加する新しい働き方は、最近では「ギグ・エコノミー」と呼ばれている。ギグとは、ジャズ・ミュージシャンなどがライブハウスで行なう即興の演奏のことだ。アメリカの西海岸では、「いまなにしているの？」と訊くと、「グーグルのプロジェクトで2年契約のギグをしてるんだ」みたいな返事が戻ってくるという。

会社はなくなってしまうのか？

さまざまな仕事が分権化され、プロジェクトとして切り分けられるようになると、会社はなくなってしまうのだろうか。そんな予言をするひともいるけど、おそらく会社は（とうぶんのあいだ）存続しつづけるだろう。

その理由は、もっとも早く（１９５０年代から）プロジェクト型に移行した映画産業でも、映画会社が大きな影響力を持っているからだ。

大作映画をつくるには数十億円、ハリウッドなら数百億円の制作費をかけることもある。こんな莫大な資金を個人（プロデューサー）が管理することはできないから、投資家が安心してお金を預けられる映画会社が必要だ。いったん映画ができあがると、こんどはそれを全国の劇場で上映したり、ＤＶＤ販売やネット配信したり、海外に権利を売ったりしなければならない。作品を市場に流通させるには膨大な事務作業（バックオフィス）が必要で、これも映画会社がやっている。

仕事のなかには、プロジェクト化しやすいものと、そうでないものがある。ギグ・エコノミーにもっとも適しているのはコンテンツ（作品）の制作で、エンジニア（プログラマー）やデータ・サイエンティストなどのＩＴ系、新規部門の立ち上げのような特殊な才能と経験が必要なコンサルティングへと拡張されていった。それに対して、利害の異なるさまざまな関係者の複雑な契約を管理したり、大規模なバックオフィスの管理部門を必要とする仕事はこれまでどおり会社に任せることになるだろう。フリーエージェントがギグで制作したコンテンツ（音楽や映画）も、多くの場合、会社のブランドで流通している。

ＩＴなどのテクノロジーが進歩すると「仕事はどんどんフラット化して管理職はいなくなる」といわれた。でも実際には、管理職の数は増えているらしい。

なぜこんなことになるかというと、市場の拡大にともなって仕事がどんどん複雑になっているからだ。世界じゅうで商品を販売しようとすれば、国ごとの法律に合わせた契約書をつくらなければならない。会社組織が細分化されれば、それぞれの部門の利害調整に膨大な時間と労力が必要になる。

スペシャリストの一部は、自分の「スペシャルなもの」を活かしてフリーエージェントになり、人間関係を選択できるようになる。それに対して会社に所属するスペシャリスト（管理職）は、クリエイターたちを支える重要な仕事をしているけれど、自己実現ができなかったり、人間関係に疲弊してしまうこともある。

ただし、プロジェクトを任されるエグゼクティブマネージャーは、プロ野球やプロサッカーの監督のように大きな権力と名声を手にすることになるだろう。彼らもまた、会社（組織）に属しているといっても、クリエイティブクラスの成功者だ。

これが「未来の働き方」だとすると、そこで生き延びるにはどうすればいいのだろうか。

ギバーとテイカー

一人ひとりの仕事の評判を正確に知ることができなかった時代には、誰が信用できて誰が信用できないかはどの会社に所属しているかで見当をつけるしかなかった。でも評判経済がどんどん進化して、インターネットをちょっと検索するだけで、個人ごとにどんな仕事が得意で、どんな評判を持っているかが即座にわかるようになると、こんな効率が悪いことをやる理由はなくなる。

これを逆にいうと、一人ひとりが自分の「評判」を持っていないと、誰からも声をかけてもらえないということだ。君たちが社会に出る頃には、こんな時代が確実にやってくる（例によって日本は世界の最先端から一周遅れかもしれないが）。

そんな世界で生きていくのに大事なのはネットワークをつくることで、そのために必要なのは「テイカー」ではなく「ギバー」になることだ。

テイカー（Taker）は「受け取るひと」、ギバー（Giver）は「与えるひと」だ。「受け取るよりも与えるひとになりましょう」というとなんか宗教っぽいが、そういう話ではぜんぜんない。

1万円持っているとして、それを誰かにギブしてしまえば一文無しだ。おなかがすいているときに食べ物をぜんぶギブしてしまえば飢え死にしてしまう。「ギバーになりましょう」なんて、しょせんきれいごとだ……。

これはもちろん正しいが、なぜこんなことになるかというと、有限のものをギブしようとするからだ。財布のなかのお金も、手に持っている食べ物も、誰かにギブすれば自分の取り分はそれだけ減ってしまう。世の中には自分のものを困っているひとにどんどんギブするひとがいて、「無私のこころ」と大きく紹介されるが、なぜみんなが注目するかというと、そんなひとはごく少数しかいないからだ。

でも、持っているものが減らないとしたらどうだろう。それなら、気前よくみんなにあげてもいいんじゃないだろうか。

ギブしても減らないものは2つある。

ひとつは、面白い情報を教えること。もうひとつは面白い知り合いを紹介することだ。ネットワーク社会の「ギバー」とは、この2つをせっせとやっているひとのことだ。

それに対して「テイカー」は、「お金の儲かる情報はないの?」「役に立つひとはいないの?」といつも訊いてばかりいる。そう考えれば、なぜテイカーではなくギバーでなくてはならないかわかるだろう。「教えて君《くん》」はしまいには相手にされなくなって、ネットワークをつくることができないのだ。

「いいね!」が貨幣と同じになる評判経済は、「ネットワーク経済」でもある。そこでは「面白いことを教え合う」「ひととひとをつなぐ」ことでコミュニティがつくられていく。情報も人脈もどれだけギブしても減らないし、それればかりかどんどんつながり(ネットワーク)が大きくなっていくのだ。

貨幣空間は「友だちだらけの世界」

評判経済では、お金よりも評判が先行する。

「こんど新しいことやろうと思うんだ」と誰か（プロデューサー）が声をかけたとき、「それならあのひとが面白い情報を持ってるよ」とか、「その分野ならあいつがダントツだよ」といわれるようになれば、「じゃあ頼んでみようかな」となって仕事が発注される。日本のフリープログラマーのあいだでは、かつては海外から仕事の問い合わせが来ただけで大騒ぎだったが、いまでは「インドの仕事が終わったら次はシンガポール」というのも珍しくなくなったという。

これは「友だちのあいだで仕事を回す」のとはちがう。

日本でいう「友だち」は、同じ学校で過ごし、いっしょに遊んだり、飲みにいったりするベタな関係だった。これを「強いつながり」という。

それに対して評判経済のネットワークは、メールやSNSのやり取りだけで、会ったことも話したこともないかもしれない。それでもいっしょに仕事をするのだから、たんなる「知り合い」というわけでもない。いわば「知り合い以上、友だち未満」の関係で、これを「弱いつながり」と呼ぼう。

「強いつながり」は友情という宝物を与えてくれるけれど、時間資源の制約があるから、ベタなつき合いができるのはせいぜい5人から10人が限界だ。それに対して「弱いつながり」は、相手が誰でどこに住んでいるかは関係ないのだから、世界じゅうに広がっていく。「弱いつながり」は貨幣空間のネットワークなのだ。

ソロ充は、人的資本はあっても金融資本と社会資本を持っていなかった。そこに金融資本が加わるとソロリッチになるけれど、やはり社会資本がないままだ。

社会資本がないということは、友だちがいないということでもある。そんなのさびしすぎると思うかもしれないが、より正確にいえば、これは「強いつながりを持っていない」ということだ。

ソロ充やソロリッチは、大きな人的資本によってよい評判を集め、貨幣空間にネットワークを広げていくことができる。これは、「たくさんの弱いつながりを持っている」ということだ。

「弱いつながり」は、「知り合い以上、友だち未満」の関係だった。でもフェイスブックを見ればわかるように、世界ではこれが「Friend（友だち）」と呼ばれる。

「強いつながり（ベタな友だち）」のいない世界は孤独に思えるだろうが、じつはそんなことはない。「強いつながり（ジモティのベタなネットワーク）」から「弱いつながり（貨幣空間のネットワーク）」に視点を変えれば、ソロ充やソロリッチは「友だちだらけの世界」に住んでいるのだ。

2011年3月11日の東日本大震災のあと、福島の原発がメルトダウンして日本は大変なことになった。ぼくはたまたまその3日後に海外旅行に行くことになっていたのだが、急いで帰国しようとする外国からの旅行者が航空券が取れず、空港に寝泊まりしているというニュースを知って、自分の旅行をキャンセルしてそのひとたちに譲ることにした。

それでずっと日本にいたのだけど、原発の建屋が爆発したことが世界じゅうに報じられると、いろんなところからメールが届きはじめた。香港、シンガポール、タイ、フィリピンなどアジアが多いものの、アメリカやオーストラリア、ヨーロッパのルクセンブルクやリヒテンシュタインなんてところからも来た。どれも、「もし日本を脱出しなければならなくなったらこっちに来なよ。できることはなんでもするから」という内容だった。

半分以上は外国人で、いっしょにご飯を食べたり、知り合いを紹介したりしたことはあるけど、(日本的な意味での)「友だち」関係ではない。それでもぼくのことを「友だち」だと思って、わざわざ連絡してくれたのだ。

ぼくはぜんぜん外向的な性格ではない（だからもの書きをやっている）けど、それでも世界じゅうにこれだけの「友だち」がいた。そのとき、これが「弱いつながり」の世界なんだと気がついた。

新上流階級BOBOS

アメリカでいま、「BOBOS（ボボズ）」と呼ばれる新上流階級が台頭しつつある（ブルジョアBourgeoisとボヘミアンBohemiansを組み合わせた造語だ）。典型的なBOBOSのカップルはどちらも高学歴で、東部（ニューヨーク、ボストン）や西海岸（ロサンゼルス、サンフランシスコ）の都市かその郊外に住み、経済的に恵まれているもののドナルド・トランプのようなこてこての〝大富豪〟を軽蔑し、最先端のハイテク技術に囲まれながらも自然で素朴なものを愛している。

そんなBOBOSは大ジョッキのビールよりワインを好み、アメリカンフットボールをテレビ観戦するより美術展やコンサートに行き、休暇はラスベガスでギャンブルするのではなくロッキー山脈をハイキングするひとたちでもある。その多くは弁護士やコンサルタントなどの専門家か、独立したプロジェクトを任されたクリエイティブクラスで、かつては会社勤めが多かったがフリーエージェント化が急速に進んでいる。「ボヘミアン」というのは1960年代のヒッピーカルチャーの影響を受けていることで、彼らにとって最高の生き方はアップルを創業したスティーブ・ジョブズだ。ジョブズはもともとインドの精神世界（スピリチュアル）に強く魅かれていて、大富豪になってからも禅に傾倒するベジタリアンで、どんなときも黒のタートルネックにリーバイスのジーンズ、ニューバランスのスニーカーという格好だった（ファッションのことを考えるのは時間のムダだと考えていた）。

BOBOSのもうひとつの特徴は、「リベラル」であることだ。これは政治的な立場ではなく（とはいえ彼らの多くは反トランプの民主党支持者だ）、外国人でもLGBT（レズビアン、ゲイ、バイセクシャル、トランスジェンダー）のような性的少数者でも分け隔てなくつき合うという意味だ。

BOBOSはアメリカやヨーロッパだけではなく、中国やインド、東南アジアでも増えている（もちろん日本にもいる）。君が将来、留学したり、海外で働くようになったり、あるいは海外旅行するときでも、仲良くなるのはたいていBOBOSだ。なぜなら、「リベラル」でなければ外国人と友だちになろうとなんて思わないだろうから。

BOBOSがフリーエージェントになるのは、すでに経済的に独立しているので、お金より自由な時間の方が大切だからだ。夫婦2人とも会社勤めだと、子育てしながら働くのが大変なのはアメリカでも同じだ。でもどちらもフリーエージェントなら、お互いに時間を融通し、協力し合って共働きをつづけることができる。

仕事も人間関係も選択できて、経済的な不安なしに好きなこと・得意なことをやりながら自由に生きる。そんなライフスタイルが、これからは世界じゅうの若者たちが目指す理想になっていくだろう。

来るべき時代の人生戦略

大きな人的資本と金融資本のほかに、「弱いつながり」の社会資本も手にした「ソロリッチ」は、幸福に必要なすべての土台を持っているのだから、（おそらくは）人類史上もっとも恵まれたひとたちだ。

どのような人生を選ぶかは一人ひとりの自由で、仕事も遊びも思いきり楽しんでソロのまま生きていくひともたくさんいるだろう。でもそんなソロリッチ同士が出会っていっしょに住みはじめたり、家族になったりすることもある。こうしたBOBOSのカップルを、「新しいタイプのお金持ち」の意味でニューリッチと呼ぼう。

クリエイティブクラスのニューリッチは、夫婦と子どもの小さな愛情空間と数人の親友（友情空間）、そして世界じゅうにたくさんの「友だち」を持っている（図23）。

これまで述べてきたように、ぼくたちの生きている世界は、急速なテクノロジーの発達によって大きく変わりつつある。クリエイティブクラスはもはや会社に所属せず、一人ひとりが自分の「評判ネットワーク」によってプロジェクト型の仕事をするようになるだろう。そこではどんな仕事をするかだけでなく、誰と働くか、どこで働くかもすべて自分で選択できる。

日本人の多くはいまだにサラリーマンになる以外の選択肢はないと思っているけど、これは人生の攻略法としては最悪だ。なぜなら、サラリーマンは絶滅していく運命なのだから。

だとしたら、君はこれからどう生きるのか。

君が目指すのは、大きな人的資本、大きな金融資本、小さな愛情空間、そして広大な貨幣空間に広がる「友だち」ネットワークを持つことだ。

図23

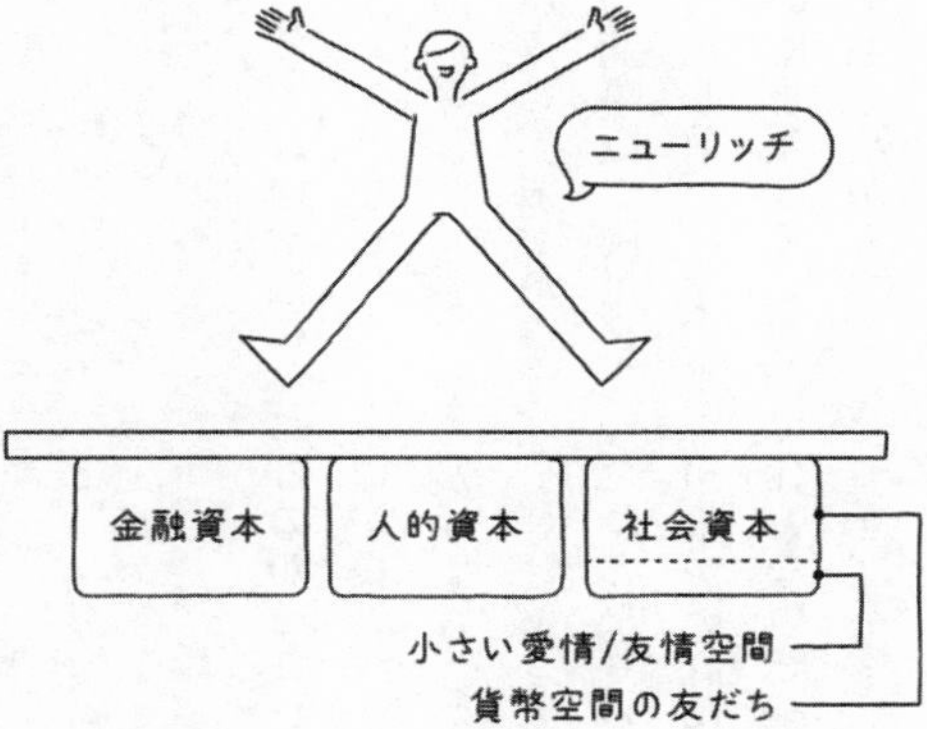

人的資本は「好きなこと・得意なこと」に一極集中する。金融資本はグローバルマーケットに分散投資する（借金を背負って「マイホーム」という不動産に一極集中させない）。社会資本は小さな愛情空間・友情空間と、広大な貨幣空間のネットワークに分割する。

これが来《きた》るべき時代の人生戦略になるだろう。

おわりに――幸福に生きるためのヒント

どうすれば幸福になれるのか。これが永遠のテーマなのは、それがものすごく難しいからだ。なぜなら、幸福が長つづきしないようにぼくたちがつくられているから。だからといって、がっかりすることはない。これは不幸を跳ね返すことができる、ということでもある。

交通事故で両足を失ったひとたちの幸福度を調べた研究がある。当たり前だけど、誰もが事故の直後は大きな衝撃を受け、不幸に打ちのめされる。このまま生きていたって仕方ないと絶望したりもするだろう。

でもそれからすこしたつと、不幸はだんだん消えていって幸福感が戻ってくる。傷が癒えて車椅子に乗る頃になると、最初に思っていたよりもずっと自由に動けることがわかる。家族や見舞いに来た友だちから、「あんな事故で生きている方が奇跡だ」

図24

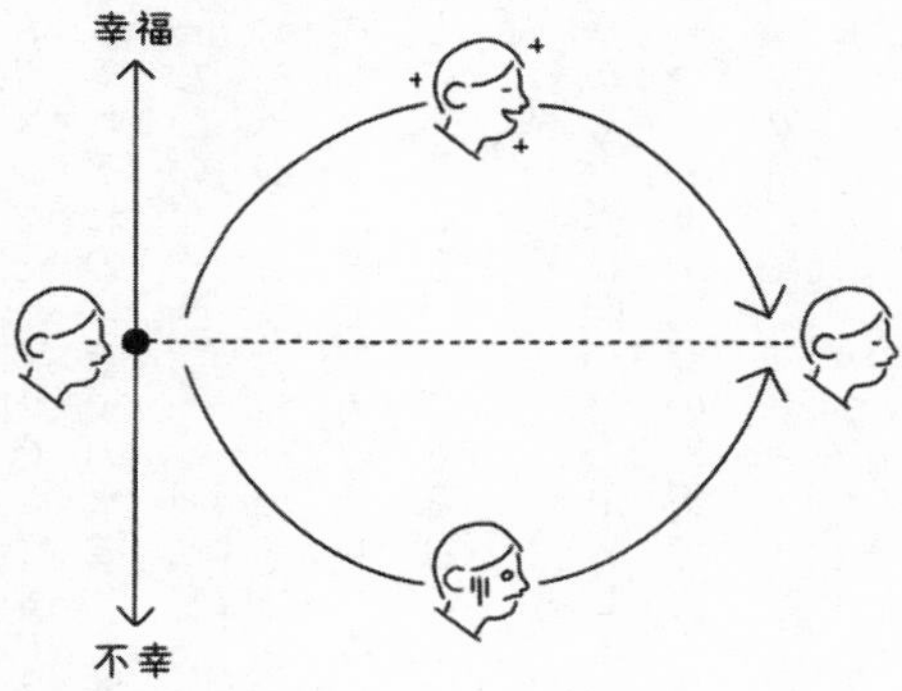

レジリエンス（反発力）

といわれることもあるだろう。こうして車椅子生活に慣れる頃には、「自分は幸運だったんだ」と考えるようになり、2年か3年で幸福感は事故前の水準に戻るのだ（パラリンピックを目指してトレーニングを始めるかもしれない）。

脳には、ネガティブな出来事をポジティブに考える癖がある。これが「レジリエンス（反発力）」で、ひとが生まれながらに持っているすごい能力だ。レジリエンスがあるからこそ、不幸を乗り越えて前に向かって進んでいくことができる（図24）。

でもその一方で、これが幸福になりにくい理由になっている。宝くじに当たったひとの幸福度を調べると、もちろん最初は天にも昇る心地がするけれど、その幸福感はだんだん減っていって、やはり2年か3年で当せん前と同じになってしまうのだ。レジリエンスというのは、不幸にも幸福にも慣れて、元の水準に戻る脳の仕組みだ。ひとはそれぞれの「幸福の水準」を持っていて、それは（おそらく）なにがあっても変わらないのだろう。

これをポジティブに言い換えると、「いますぐ幸福になろうと必死にならなくてもいい」ということでもある。もちろん、若くして幸福の絶頂を手にするのは素晴らしいことにちがいない。でもそれにもいずれ慣れてしまって、いつもの日々が戻ってくるのだから。

「不幸から幸福に向かって上昇しているときが、いちばん幸福」という話を思い出してほしい。一度や二度の挫折で落ち込むことはない。長くゆっくりと幸福になっていけばいいのだ。

幸福の研究は、モノよりもコトの方が幸福感は長くつづくことを明らかにした。モノというのは、高級ブランドの服やカバンのようなかたちのある商品のことだ。

シャネルのバッグを買うと、最初はものすごく幸福度が上がる。でもそれは、レジリエンスの作用によって、すぐに元の水準に戻ってしまう。去年のバッグだと流行遅れで笑われるんじゃないかと不安になって、衝動的に新作を買ってしまう。そして一瞬幸福度が上がって……というのがブランドビジネスで、その本質はアルコールやドラッグの依存症とたいして変わらない。

コトというのは出来事、つまりイベントのことだ。友だちと参加したオールナイトのフェス、恋人とのはじめての旅でいっしょに見た夕焼けなど、印象的な体験はそれぞれのこころに刻まれ、会話で繰り返され、人生の物語をつくっていく。かたちあるモノがどんどん老朽化し、しょぼくなっていくのに対し、「こころのなかにあるコト＝物語」は脳のポジティブな作用によって、逆にどんどん美化されていく。

そう考えれば、若いときはいろんな体験をした方がいい。そのなかにはイヤなこともあるかもしれないが、レジリエンスのちからで、何年かたつうちに楽しい思い出に変わっていくだろう。――友だちとの会話でいちばん盛り上がるのは、みんなでヒドい目にあった体験にちがいない。

モノではなくコトをたくさん積み上げることが、君の人生をゆたかにしてくれるのだ。

アメリカの大企業のCEOに「あなたの精神年齢は？」と訊くと、26歳と答えるらしい。でもこれを聞いても、ほとんどのひとはたいして驚かないだろう。自分もそう思っているから。女性に精神年齢を訊けば「18歳」になるのではないだろうか。――同窓会が盛り上がるのは、学校時代の友だちと会うと、タイムスリップして一瞬で「いちばん輝いていた時代」に戻れるからだ。

成熟とは、青春に別れを告げて、大人としての責任ある態度や考え方を身につけることだ。狩猟採集時代から現代まで、人間社会は、子どもが若者になり、大人に成熟することで成り立ってきた。

でもこれは、社会が貧しくて、それぞれが役割分担しないと生きていけなかったからだ。ぼくたちが暮らしているとてつもなくゆたかな社会では、そんなことをしなくても生活になんの支障もない。だったらなぜ、成熟なんかしなければならないのか。ずっと青春の楽しい日々をつづけていけばいいじゃないか。

こうして、ゆたかな社会ではひとは成熟しなくなったのだとぼくは思っている。

母親と娘が友だち関係になった、とよくいわれる。でもこれは、女性の精神年齢が18歳のままだと考えれば、なんの不思議もない。小学校までは親子の関係でも、中学にあがる頃から娘の実年齢が母親の精神年齢に近づいてくるのだ。高校生になる頃には、母親と友だちの区別はほとんどつかなくなるだろう（ちなみにこれは日本だけでなく世界的な現象だ）。

君はもしかしたら、大人になることを恐れているかもしれない。でも、そんなことはぜんぜん心配することはない。もはや誰も大人にならないし、なれないのだ。

ここで「１００倍の法則」を説明しておこう。これは（たぶん）誰も教えてくれないだろうけど、これから君が生きていくのにとても大切なことだ。

「１００倍の法則」をひとことでいうと、「加害は１００分の１に、被害は１００倍に評価する」になる。これはヒトの本性なので、加害や被害の当事者がそれを客観的に知ることはぜったいにできない。

いじめっ子に「なんでそんなことをしたのか」と問い詰めると、「悪気はなかった」という。これは言い訳をしているのではなく本心で、スピリチュアル（無意識）が加害を100分の1に評価しているのだ。いじめられた子どもに「そんなに気にすることないよ」と慰めても、いつまでも泣き止《や》まないのは、これとは逆に被害を100倍に評価しているからだ。

なぜこんなふうにできているかというと、その方が生きていくのに有利だから。被害というのは、同じことを繰り返すと生命にかかわる出来事だ。不機嫌そうな大人に近づいたらいきなり殴られたとしよう。次から同じ失敗をしないようにするには、この被害体験をしっかり覚えておいて、どういうときになにをしてはいけないかを学習するしかない。この仕組みをうまくはたらかせるには、実際よりもずっと強く被害を意識した方がいい。

それに対して加害の方は、覚えておいてもなんの意味もない。そんなものはさっさと忘れてしまってかまわないのだ。

これが「加害と被害の非対称性」で、個人と個人、集団同士、国と国との関係まで、この世界で起きるやっかいな問題のほとんどはここから発生する。

君がまず覚えておかなくてはならないのは、ひとにイヤなことをしたら、君はすぐにそのことを忘れてしまうだろうが、相手はずっと（場合によっては死ぬまで）覚えているということだ。これに気がつかないと、最初はいばっていられても、最後はたいていヒドいことになる。いつのまにかまわりが敵だらけになって、なにかあったら足を引っ張ろうと復讐の機会を待っているのだから。

もうひとつ大事なのは、ひとからイヤなことをされても、それを過剰に考えすぎないことだ。そのためのいちばんいい方法は、友だちに相談してみることだ。

「自分のことは自分がいちばんよくわかっている」と思うだろうが、これはまちがいで、友だちの判断の方がずっと正しい。なぜなら友だちは当事者ではないので、「100倍の法則」に影響されないから。

友だちが「そんなのたいしたことじゃないよ。無視しとけばいいよ」といったら、君がどれほど傷ついていたとしても、その程度のことなのだ。ただし、友だちもいっしょに巻き込まれているときは注意した方がいい。被害感情が増幅して、ますます判断が歪んでしまう可能性がある。

学校での地位（スクールカースト）が実社会での成功とあまり関係ないということも覚えておこう。生徒会長に選ばれるようなリーダーシップのある生徒が政治家や大企業の社長になるというのはもちろんあるけど、それよりもカースト上位の生徒が社会に出るとぜんぜん目立たなくなったり、下位カーストの（いじめられていた）生徒が起業家になったり、芸能や音楽、芸術の世界で有名になったりすることの方がずっと多い。

なぜこんなことになるかというと、近代の学校が同い年の男女をひとつの場所に集めて共同生活させるというものすごく特殊な場所だからだ。こんな異常な環境は実社会にはないから（会社はときどきこれに近くなるとしても）、学校生活に最適化された「コミュ力」はたいして役に立たないのだ。

ついでにいっておくと、恋人ができたとき、うまくいくかどうかもたいていは友だちが正しく判断している。本人たちはものすごく盛り上がっていても、まわりが「あの2人、似合わないよね」といっていたら、いずれ破綻する可能性が高い。これも、自分のことは自分ではわからないからだ。

相談する友だちがいないこともあるだろうけど、そんなときは旅に出るといい。とくに海外旅行が効果的だ。

なぜなら、脳（スピリチュアル）は心理的な距離と物理的な距離をうまく区別できないから。心理的に傷ついた場所から物理的に遠ざかると、その出来事を客観的に見られるようになる。「失恋旅行」というのは、ちゃんと理由があるのだ。

ぼくたちが生きている日本の社会は伽藍の世界で、ほとんどの日本人は失敗を避け、誰からも批判されないようにしようと、一生懸命ネガティブゲームをやっている。これはたしかに、その場をうまくやりすごすにはいい方法かもしれない。

でもこれからの時代は、どれほどネガティブゲームがうまくてもなんの役にも立たない。なぜなら、いつまでたってもよい評判が集まらないから。

「いいね！」というのは、なにかに挑戦したひとに与えられる評価だ。1年間なにひとつ失敗しなかったことで、たくさんの「いいね！」をもらえるはずがない。

みんながネガティブゲームをしている日本では、ポジティブゲームができるようになるとものすごく有利だ。大富豪や有名人にはなれないかもしれないが、すくなくともここで説明したような「幸福の土台」を手に入れるのは、そんなに難しいことではないだろう。

そのためには、ものすごい努力も、とてつもない才能も、信じられない幸運も必要ない。なぜなら君はすでに、「人類史上もっともゆたかないまの日本に生まれた」という大きな幸運を手にしているし、少子高齢化の日本では若者はますます希少になるのだから。

君たちの未来は明るい。必要なのはちょっとした勇気だ。

あとがき

この本で書いたのは一般論だから、ぼくがどのような生活をしているかなんて興味ないだろうけど、知りたいという奇特なひともいるかもしれない。といっても、とくに他人に自慢できるようなことがあるわけではない。

ぼくの仕事はもの書き（文筆業）で、文章を書く、本を読む、ときどきサッカーを観るというほぼ3つのことしかしていない。その代わり、（コロナ前は）年に3カ月くらいは海外を旅していた。

2018年はワールドカップに合わせてロシアに行って、日本対ベルギー戦をスタジアムで観戦してから、ウクライナ領でロシアに併合されたクリミア半島を訪れた。アメリカ、ヨーロッパ、アジア、アフリカ、中南米など、ふつうのひとが思いつく観光地はすべて行ったし、ボスニアとかマダガスカルとかあまり馴染みのない場所も訪れたことがある。中国では観光ガイドから、「お前みたいに中国を旅行してる奴は中国人にもいない」といわれた。——ぜひ訪れてほしい観光地を挙げるなら、アスワンからルクソールまでのナイル川クルーズ、ヨルダンのペトラ遺跡、アメリカのグランドキャニオンで、ここはラスベガスからレンタカーで行きたい。

フリーエージェントになってから20年間、ずっとこんな生活をつづけてきた。ぼくは特別な才能を持っているわけではないが、それでも「幸福の資本」を手に入れることができたのだから、いまこの本を読んでいる君なら楽勝にちがいない。これはいい加減なことをいっているのではなく、欧米や日本のような「ゆたかな社会」では、才能、運、努力のどれかひとつがあれば（あるいはすこしずつ持っていれば）成功できるし、若い君にはそのための時間がじゅうぶんあるのだから。

これまで何冊か人生設計について書いてきたが、ここではそれを、若い読者に向けてシンプルにまとめてみた。ここで述べたことはすべて証拠（エビデンス）があるが、煩わしくなるのでいちいち出典は示していない。詳しいことを知りたければ、以下の本を読んでみてほしい。

人生の3つの土台のうち、金融資本（お金）については、『新版　お金持ちになれる黄金の羽根の拾い方』（幻冬舎文庫）などで書いている。株式など金融市場について知りたいのなら、『臆病者のための株入門』『臆病者のための億万長者入門』（文春新書）が初心者向けだ。

「やればできる」というのはまちがっていて、得意なこと、好きなこと以外は「やってもできない」という話は、『残酷な世界で生き延びるたったひとつの方法』（幻冬舎文庫）で書いている。これは進化の過程でヒトがそのようにつくられてきたからだが、興味があるなら『言ってはいけない』『もっと言ってはいけない』『バカと無知』（新潮新書）の三部作を読んでほしい。

20代、30代の読者を対象に、「幸福になるには3つの資本が必要だ」と説明したのが『幸福の「資本」論』（ダイヤモンド社）で、その続編である『シンプルで合理的な人生設計』（同）では、「合理的な選択を積み重ねていくのが唯一の普遍的な成功法」と論じている。結婚して会社を辞めようか悩んでいる女性に向けては、『2億円と専業主婦』（マガジンハウス）を書いた。

ぼくの考え方の背景には「現代の進化論」がある。大学でなにを勉強すればいいか悩んでいるなら、『「読まなくてもいい本」の読書案内』（ちくま文庫）をぜひ手に取ってみてほしい。

ついでにいうなら、ぼくはここで書いたような人生戦略を最初から実践してきたわけではない。大学を出てから30代半ばまでの「バカだった頃」の話は『80's（エイティーズ）』（幻冬舎文庫）という本に書いたから、読んでみてくれるとうれしい。

本書は、ライター大隅光彦さんによるインタビューにもとづいている。

橘 玲

2019年2月（2023年6月 追記）

本書は、２０１９年3月にポプラ社より刊行した単行本に加筆・修正を行い新書化したものです。

橘 玲

たちばな・あきら

作家。2002年、金融小説『マネーロンダリング』(幻冬舎)でデビュー。同年刊行の『お金持ちになれる黄金の羽根の拾い方』(幻冬舎)が30万部を超えるベストセラーに。06年、『永遠の旅行者』(幻冬舎)が第19回山本周五郎賞候補。『言ってはいけない』(新潮新書)で新書大賞2017年を受賞。そのほか著書として『上級国民/下級国民』(小学館新書)、『バカと無知』(新潮新書)、『シンプルで合理的な人生設計』(ダイヤモンド社)などヒット作多数。

編集協力/大隅光彦

本文図版/浜名信次(Beach)

本文DTP/高羽正江

ポプラ新書
245
人生は攻略できる
2023年9月11日　第1刷発行

著者
橘 玲
発行者
千葉 均
編集
浅井四葉
発行所
株式会社 ポプラ社
〒102-8519 東京都千代田区麹町 4-2-6
一般書ホームページ www.webasta.jp
ブックデザイン
鈴木成一デザイン室
印刷・製本
図書印刷株式会社

© Akira Tachibana 2023 Printed in Japan
N.D.C.159/266P/18cm/ISBN978-4-591-17898-0

落丁・乱丁本はお取替えいたします。電話（0120-666-553）または、ホームページ（www.poplar.co.jp）のお問い合わせ一覧よりご連絡ください。※電話の受付時間は月～金曜日、10時～17時です（祝日・休日は除く）。読者の皆様からのお便りをお待ちしております。いただいたお便りは著者にお渡しいたします。本書のコピー、スキャン、デジタル化等の無断複製は著作権法上での例外を除き禁じられています。本書を代行業者等の第三者に依頼してスキャンやデジタル化することは、たとえ個人や家庭内での利用であっても著作権法上認められておりません。

P8201245

ポプラ新書　好評既刊

理系という生き方

東工大講義　生涯を賭けるテーマをいかに選ぶか

最相葉月

クラゲの研究でノーベル賞を受賞した下村脩、マリー・キュリーのもとで研究した山田延男、星新一が唯一の弟子と認めた作家であり研究者でもある江坂遊——第一線で活躍する科学者たちは、どう挫折を乗り越え「今までにないもの」を生み出してきたのか。自分の仕事や人生を見つめなおすうえで、新たな視点を得られる一冊。

スマホを捨てたい子どもたち

山極寿一

講演会で、多くの高校生がスマホを手にしながら、「スマホを捨てたい」と言った。彼らはなぜ、スマホで人とつながることに漠然とした不安を感じているのか。200万年前の人類の歴史とゴリラ研究の見地から、生物としての人間らしさを考える。京大前総長でゴリラ研究者の著者による「未知の時代」の人とのつながり方。

9月1日母からのバトン

樹木希林 内田也哉子

「どうか、生きて」2018年9月1日、病室で繰り返しつぶやいた樹木希林さん。夏休み明けのこの日、学校に行きたくないと思い悩む子どもたちが、自ら命を絶ってしまう。樹木さんは生前、不登校の子どもたちと語り合い、その事実を知っていた。樹木さんが遺した言葉と、それを受け内田也哉子さんが4名と対話し、紡ぎ出した言葉をまとめた一冊。

ポプラ新書　好評既刊

やりすぎ教育
商品化する子どもたち

武田信子

日本の子どもの精神的幸福度は、参加38か国中37位。大人たちの過度な期待と押しつけで、日々、心と体を蝕まれ、自信を失っている子どもたち。教育熱心と教育虐待のボーダーラインはどこにあるのか。本書は、家庭や学校で起きている不適切なかかわりあいの実態を報告、さらに学びと遊びの本質、幼児期の発達プロセスなどを紹介する。真の成長、生涯続く学びを考える教育・子育て改革論。

生きるとは共に未来を語ること　共に希望を語ること

昭和二十二年、ポプラ社は、戦後の荒廃した東京の焼け跡を目のあたりにし、次の世代の日本を創るべき子どもたちが、ポプラ（白楊）の樹のように、まっすぐにすくすくと成長することを願って、児童図書専門出版社として創業いたしました。

創業以来、すでに六十六年の歳月が経ち、何人たりとも予測できない不透明な世界が出現してしまいました。

この未曾有の混迷と閉塞感におおいつくされた日本の現状を鑑みるにつけ、私どもは出版人としていかなる国家像、いかなる日本人像、そしてグローバル化しボーダレス化した世界的状況の裡で、いかなる人類像を創造しなければならないかという、大命題に応えるべく、強靭な志をもち、共に未来を語り共に希望を語りあえる状況を創ることこそ、私どもに課せられた最大の使命だと考えます。

ポプラ社は創業の原点にもどり、人々がすこやかにすくすくと、生きる喜びを感じられる世界を実現させることに希いと祈りをこめて、ここにポプラ新書を創刊するものです。

未来への挑戦！

平成二十五年　九月吉日　　株式会社ポプラ社